Influências culturais nas

publicidade

Nancy Kalogeropoulou

Influências culturais nas percepções da normalização da publicidade

Um estudo de caso da P&G sobre a perspetiva dos consumidores e das empresas

ScienciaScripts

Publisher:
Sciencia Scripts
is a trademark of
Dodo Books Indian Ocean Ltd. and OmniScriptum S.R.L publishing group

120 High Road, East Finchley, London, N2 9ED, United Kingdom
Str. Armeneasca 28/1, office 1, Chisinau MD-2012, Republic of Moldova, Europe

ISBN: 978-620-8-32205-2

ÍNDICE DE CONTEÚDOS

ABREVIATURAS

ANA	Association of National Advertisers
ANOVA	Analysis of Variance
MNC's	Multinational Companies
P&G	Procter & Gamble
SPSS	Statistical Package of Social Sciences

1. INTRODUÇÃO

Nas últimas décadas, a questão da normalização e da adaptação tanto da pesquisa académica como da prática publicitária internacional tem sido um tema de discussão importante (Backhaus & van Doorn, 2007; Agrawal, 1995). A constante homogeneização dos mercados internacionais criou a necessidade de aplicar esquemas de normalização de marketing (Levitt, 1984; Duncan & Ramaprasad, 1995; Backhaus & van Doorn, 2007). Esta abordagem permite às empresas criar economias de escala, uma consistência na sua imagem de marca global e um melhor planeamento e controlo do negócio (Papavasiliou & Stathakopoulos, 1997; Melewar & Vemmervik, 2004; Harvey, 1993; Douglas & Wind, 1987; Katsikeas et al., 2006; Buzzell, 1968). No entanto, muitos profissionais e investigadores duvidam da eficácia desta abordagem, defendendo que os esquemas adaptativos são mais eficazes, uma vez que proporcionam uma diferenciação de preços e uma vantagem diferencial à empresa para aumentar o lucro (Melewar & Vemmervik, 2004; Shoham, 1995; Onkvisit & Shaw, 1987). Especialmente no caso da regulamentação governamental de um país, é essencial aplicar uma abordagem adaptativa para estar em conformidade com as políticas e as normas de segurança do país (Zou et al, 1997). Para além destas duas abordagens, existe uma terceira, que combina a aplicação da normalização e da adaptação nos esquemas de marketing internacional. Os autores deste ponto de vista defendem que a solução ideal para as empresas multinacionais prosperarem e serem bem sucedidas é implementar cada uma delas onde for mais necessário, de acordo com os regulamentos e normas de cada país (Douglas & Wind, 1987; Harvey, 1993; Melewar & Vemmervik, 2004; Onvisit & Shaw 1987; Onkvisit & Shaw, 1999; Ruzevicius & Ruzeviciùté, 2011; 'Theodosiou & Leonidou, 2003).

Na medida em que, apesar dos esforços dos profissionais e dos académicos para dar uma definição de normalização, ainda não foi dada uma explicação adequada ou clara (Alimiene & Ku- vykaite, 2008; Melewar & Vemmervik, 2004; Papavasiliou & Stathakopoulos, 1997). Além disso, o grau de normalização que deve ser aplicado pelos esquemas de marketing das empresas, bem como a medida em que os consumidores o percepcionam nos diferentes países, ainda não foi identificado. Por esta razão, o objetivo desta investigação é identificar e avaliar até que ponto as empresas e os consumidores percepcionam a normalização e o que deve ser feito pelas empresas para satisfazer as exigências dos consumidores através da publicidade. Assim, a realização desta investigação específica pode ser um possível contributo para a teoria da normalização/adaptação, que tem criado um debate entre académicos e profissionais há mais de quatro décadas (Cavusgil et al, 2005; Katsikeas et al, 2006; Papavasiliou & Stathakopoulos, 1997;

3

Ryans et al, 2003; Schilke et al, 2009; Solberg, 2002).

A investigação deste tópico será útil, pois dará algumas respostas sobre o que é entendido como publicidade normalizada e em que medida deve ser aplicada para ser eficaz para as empresas e, ao mesmo tempo, satisfazer as necessidades dos clientes. Para efeitos de investigação, foi escolhido o exemplo da empresa global Procter & Gamble (P&G). Desta forma, será dada ênfase à investigação da própria empresa, bem como ao feedback dos consumidores relativamente à atração das suas campanhas publicitárias. Como exemplos ilustrativos, foi escolhida uma combinação de uma campanha televisiva/internet normalizada, um anúncio impresso normalizado e três anúncios impressos adaptados. Esta distinção dos anúncios permitiu que a investigação fosse mais válida e exacta, uma vez que os consumidores podiam facilmente reconhecer a diferença entre os anúncios normalizados e os adaptados. Um estudo de caso alargado da P&G, combinando métodos de investigação qualitativos e quantitativos, ajudar-nos-á a encontrar respostas para a nossa questão de investigação e a cumprir o objetivo deste estudo.

Questão de investigação: Em que medida as avaliações do grau de normalização das campanhas publicitárias devem ter em conta as diferenças de perceção específicas de cada país e em que medida os consumidores de diferentes países as percepcionam?

A fim de responder a esta questão de investigação e compreender a sua complexidade, esta é dividida nos seguintes objectivos, aos quais esta investigação tenta dar resposta:

Objetivo 1: Avaliar em que medida as empresas podem implementar com êxito campanhas publicitárias normalizadas de acordo com cada cultura específica.

As duas perspectivas seguintes (2a, 2b) foram concebidas com o objetivo de descobrir as diferenças interculturais entre os três países examinados, no que diz respeito às percepções dos consumidores relativamente à publicidade normalizada e adaptada.

Objetivo 2a: Medir as crenças e atitudes dos consumidores relativamente às campanhas publicitárias normalizadas nos três países.

Objetivo 2b: Medir as crenças e atitudes dos consumidores relativamente às campanhas publicitárias adaptadas nos três países.

O objetivo seguinte foi concebido para examinar se um determinado anúncio, supostamente normalizado, leva os consumidores a avaliar as suas partes constituintes como mais ou menos normalizadas.

Objetivo 3: Em que medida as crenças dos consumidores sobre a campanha publicitária

4

normalizada da P&G afectam a sua avaliação do grau de normalização dos seus componentes.

Objetivo 4: Em que medida as suas atitudes gerais em relação à publicidade normalizada afectam a sua perceção da campanha publicitária normalizada da P&G.

O objetivo quatro foi especificamente concebido para examinar se as crenças gerais dos consumidores relativamente à publicidade normalizada afectam um determinado anúncio normalizado.

O objetivo que se segue é analisar se os consumidores acreditam que um anúncio é bem sucedido nas partes que o compõem e até que ponto essas partes podem ser padronizadas.

Objetivo 5: A medida em que os consumidores consideram bem sucedidos os elementos da campanha publicitária da P&G afecta a medida em que acreditam que podem ser normalizados.

O último objetivo procura investigar se os consumidores consideram as pessoas que actuam no anúncio bem sucedidas e se isso os ajuda a sentirem-se representados no anúncio.

Objetivo 6: Em que medida o sucesso das pessoas utilizadas na campanha publicitária pode afetar a forma como os consumidores se vêem reflectidos na mesma.

Esta investigação é importante, uma vez que, até à data, poucos estudos foram efectuados para examinar a eficácia e o impacto das campanhas publicitárias, tanto para as empresas como para os consumidores, medindo o grau dos esquemas de normalização aplicados. Ao contrário das abordagens existentes sobre esta questão, este estudo encara a normalização tanto do ponto de vista da empresa como do ponto de vista do consumidor. Reconhece a importância de separar os anúncios normalizados dos anúncios adaptativos e as possíveis diferenças de perceção específicas de cada país que possam ter.

A investigação segue um fluxo consistente de modo a ser exaustiva e analiticamente explicada. A revisão da literatura começa por apresentar algumas ideias gerais sobre o marketing internacional. Nos capítulos seguintes, o debate sobre a normalização e a adaptação do marketing internacional é avaliado de forma crítica, apresentando as abordagens dos autores e as razões para apoiar ou argumentar cada uma delas, respetivamente. Para além disso, a normalização da publicidade internacional será discutida de forma analítica. Na secção seguinte, será feita uma análise das comunicações de marketing internacional e do impacto dos factores culturais. A revisão da literatura termina com a apresentação das lacunas de conhecimento encontradas na literatura.

Em continuidade, é apresentada a secção sobre a metodologia de investigação, onde são descritos os métodos de investigação utilizados neste estudo e a sua importância para a validade do mesmo. Será utilizada uma investigação qualitativa para examinar a perspetiva da empresa utilizando dados secundários e será utilizado um método de investigação quantitativo para investigar o ponto de vista dos consumidores, recolhendo dados primários diretamente junto dos consumidores com a ajuda de questionários em linha. A amostra utilizada é constituída por consumidores de três países diferentes: EUA, Reino Unido e Grécia.

Após a recolha, os dados serão objeto de uma análise exaustiva. Para o método qualitativo, será efectuada uma investigação exaustiva da empresa e dos seus motivos para a normalização. Para além disso, será feita uma análise da estratégia de marketing da empresa e, mais especificamente, da sua estratégia de publicidade normalizada. Por último, será discutida a campanha publicitária especial da P&G "Obrigado, mamã", que foi transmitida durante o período dos Jogos Olímpicos.

No que diz respeito ao método quantitativo, a análise será realizada com a utilização do programa estatístico SPSS, que pode ser uma ferramenta útil para analisar e categorizar os resultados do inquérito em secções de acordo com os seus atributos. As tabelas SPSS mais importantes estarão disponíveis e serão cuidadosamente explicadas neste estudo. Por fim, serão apresentadas as conclusões da investigação, bem como algumas recomendações fortes para investigação futura.

2. REVISÃO DA LITERATURA

Na secção seguinte, será apresentada uma panorâmica da literatura atual sobre normalização e adaptação da publicidade.

2.1. INTRODUÇÃO AO MARKETING INTERNACIONAL

O mercado global é dinâmico e intrincado, pois traz muitas mudanças em termos de oportunidades e desafios que as empresas têm de enfrentar. Especialmente, nas últimas duas décadas, o mercado global tem vindo a mudar de forma notável (Cavusgil & Ca- vusgil, 2012).

Nos últimos anos, o desenvolvimento dos mercados internacionais, bem como a intensidade da concorrência, criou uma necessidade obrigatória de as indústrias actuarem à escala global na aplicação das suas estratégias de marketing. Existem 5 fases na evolução do marketing global:

Fase 1: *Marketing interno:* As empresas produzem e vendem os seus produtos num país. As actividades da empresa centram-se no mercado nacional e têm uma orientação "etnocêntrica".

Fase 2: *Marketing de exportação:* É a fase básica do marketing, pois as empresas começam a exportar os seus produtos para outros países, mantendo a sua perspetiva "etnocêntrica", uma vez que se baseiam principalmente nos clientes do país de origem.

Fase 3: *Marketing Internacional:* As empresas começaram a criar segmentos de mercado em muitos países diferentes. A abordagem aqui é "policêntrica", pois as empresas aplicam o marketing multidoméstico a mercados diferentes.

Fase 4: *Marketing Multinacional:* Nesta fase, a empresa, tendo uma maior quota de mercado, aplica uma abordagem "regiocêntrica", uma vez que não tenta produzir produtos diferentes para mercados diferentes, mas tenta uniformizar os produtos em diversas regiões.

Etapa 5: *Marketing global:* Esta é a última fase do processo de evolução. A empresa nesta fase tenta aplicar um produto uniforme de modo a satisfazer todos os segmentos de mercado. Adopta uma perspetiva global, uma vez que trata os seus clientes como um mercado global e, desta forma, obtém eficiências em termos de custos. Esta abordagem é designada por "geocêntrica" (Kotabe & Helsen's, 2004). Considerando todas as fases acima mencionadas no processo de evolução do marketing global, centrar-nos-emos apenas no marketing internacional e nas suas utilidades.

O Marketing Internacional, enquanto conceito, existe há séculos, mas como campo de estudo individual foi reconhecido na década de 1960 (Cavusgil et al., 2005). Existem três funções diferentes do marketing internacional. A primeira tem a ver com actividades de marketing como novos produtos, melhoramentos de produtos, promoções, publicidade e outras actividades relacionadas com os produtos. Esta etapa é designada por configuração do marketing. A segunda está relacionada com a coordenação das actividades de marketing em diferentes países. As actividades de marketing podem ser realizadas da mesma forma ou podem ser ajustadas ou modificadas de modo a adaptarem-se aos costumes e à legislação do país. A literatura sobre marketing internacional tem feito referência ao debate entre normalização e adaptação, que será analisado na secção seguinte. O terceiro papel é a ligação das actividades de coordenação da configuração de marketing na cadeia de valor (Porter, 1986).

Além disso, os profissionais de marketing internacional têm de ser muito cuidadosos quando aplicam estratégias de marketing internacional e devem, em primeiro lugar, ter em mente as preferências e necessidades dos consumidores. É realmente difícil prever o comportamento de compra dos consumidores, uma vez que existem muitos tipos diferentes de pessoas que demonstram diferentes tipos de conduta. É exatamente isso que as empresas devem procurar em profundidade quando aplicam as suas estratégias de marketing a cada segmento de mercado (Yankelovich & Meer, 2006). Devem investigar as necessidades reais dos consumidores e os seus padrões cuidadosamente e de acordo com as leis e regulamentos do país. De acordo com Yankelovich & Meer (2006), existem duas formas principais através das quais os profissionais de marketing podem facilmente convencer o público consumidor a comprar um produto específico. A primeira consiste em aplicar no anúncio um produto que o consumidor admira ou considera como um exemplo. A segunda forma consiste em colocar a tónica nos atributos emocionais e não nos atributos práticos e reais do produto, como o estatuto, a confiança ou o sex appeal. No entanto, os esquemas de segmentação têm-se revelado bastante infrutíferos ao longo dos anos, uma vez que as empresas se concentram no comportamento dos consumidores e negligenciam o produto em si ou prestam muita atenção aos atributos do produto e ignoram as necessidades e os padrões dos consumidores (Yankelovich & Meer, 2006).

O marketing internacional pode ser efectuado através de múltiplas estratégias, consoante a ocasião. Uma das tácticas mais bem sucedidas é a normalização dos produtos e das campanhas publicitárias.

2.2. NORMALIZAÇÃO VERSUS ADAPTAÇÃO

A questão da normalização tem suscitado um amplo debate entre académicos e profissionais há mais de sessenta anos (Papavasiliou & Stathakopoulos, 1997; Katsikeas et al., 2006; Schilke et al., 2009; Cavusgil et al., 2005; Agrawal, 1995; Zou et al., 1997; Ryans et al., 2003; Solberg 2002; O'Donnell & Jeong, 2000). No entanto, são poucos os estudos que abordam o tema da normalização-adaptação, os quais inferem resultados contraditórios e inconclusivos, dificultando o avanço da teoria e da prática neste domínio. Assim, falta uma definição específica de um anúncio normalizado (Katsikeas et al., 2006; Melewar & Vemmervik, 2004; Schilke et al., 2009). Embora este debate entre estandardização e adaptação tenha começado na década de 1960, continua a prolongar-se com o passar dos anos, à medida que os mercados globais se tornaram emergentes e os produtos estandardizados se tornaram uma nova realidade comercial (Douglas & Wind, 1987; Jain, 1989).

2.3. DEFINIÇÃO DE NORMALIZAÇÃO

Até agora, muitos autores tentaram dar uma definição correta de um anúncio normalizado, mas sem resultado, uma vez que algumas das definições eram demasiado restritas e outras demasiado vagas. A normalização do marketing internacional é a estratégia comum utilizada pelas empresas multinacionais (MNC) para promover o mesmo produto no mercado global (Baalbaki & Malhotra, 1995; Papavasiliou & Stathakopoulos, 1997; Melewar & Vem- mervik, 2004; Alimiene & Kuvykaite, 2008). No entanto, esta definição é pouco prática, uma vez que quase todas as funções de marketing relativas à promoção de um produto não devem ser normalizadas, por exemplo, devido ao fator linguístico (Melewar & Vemmervik, 2004; Domzal & Kernan, 1993). Onkvisit & Shaw (1987) deram uma definição mais específica de normalização, afirmando que as ferramentas de marketing, como a publicidade, são normalizadas se forem as mesmas a nível global, exceto a tradução. Finalmente, os autores, após uma série de definições relativas à normalização, concordaram que uma campanha de marketing normalizada é aquela que visa simultaneamente vários mercados em todo o mundo.

2.4. FACTORES QUE INFLUENCIAM A NORMALIZAÇÃO

De acordo com Katsikeas et al. (2006), existem dois conjuntos de factores que influenciam o grau de normalização: a) os factores macroambientais (gerais) e b) os factores microambientais (tarefa). Entretanto, Papavasiliou & Stathakopoulos, (1997) identificaram três conjuntos de variáveis que afectam o grau de normalização ou adaptação das estratégias de marketing (local, da empresa e intrínseco). Harvey (1993) identificou seis variáveis que influenciam o grau de normalização ou adaptação do marketing internacional (produto, concorrência, experiência e controlo organizacional, infra-estruturas, variáveis governamentais, culturais e sociais). Schilke et al., (2009), para além dos factores típicos (coordenação das actividades de marketing, participação no mercado global e homogeneidade do produto), destacam também a liderança de custos e a dimensão da empresa. Ruzevicius & Ruzeviciùtè (2011), defendem que os valores

9

culturais são parte integrante das sociedades modernas e são realmente difíceis de mudar. Assim, sugerem que a estratégia de marketing deve ser formada de acordo com os hábitos culturais e nacionais. Isto porque as diferenças culturais podem impedir - num grau satisfatório - a normalização e, especialmente, as regulamentações nacionais podem criar obstáculos significativos para as empresas aplicarem as suas estratégias internacionais com sucesso (Ruzevicius & Ruzeviciùté, 2011; Papavasiliou & Stathakopoulos, 1997).

Além disso, Ruzevicius & Ruzeviciùté (2011) afirmam que, embora a normalização possa ser uma solução económica para as empresas, ao negligenciar o estilo de vida local e o comportamento dos consumidores, pode reduzir as suas vendas e até a sua quota de mercado. Apontam ainda outro obstáculo no marketing internacional, que é a infraestrutura. Além disso, referem a questão da concorrência nos mercados internacionais, salientando que esta afecta o grau de adaptação ou normalização das estratégias de marketing. Papavasiliou & Stathakopoulos (1997), por outro lado, duvidam desta questão, uma vez que, segundo eles, não é amplamente discutida na literatura e a medida em que influencia a normalização-adaptação permanece incerta.

No entanto, é dada especial atenção a três factores importantes, que supostamente afectam principalmente a normalização. São eles: a) factores relacionados com o produto, b) segmentos de mercado e c) factores organizacionais (Melewar & Vemmervik, 2004). A questão principal é que o grau de normalização é afetado por uma série de factores internos e externos, o que torna difícil, tanto para os académicos como para os profissionais, medir o grau exato de normalização (Melewar & Vemmervik, 2004). Douglas & Wind (1987) defendem que, para que uma abordagem de normalização seja bem sucedida, é essencial ter 1) um segmento de mercado global, 2) sinergias resultantes da normalização e 3) canais de comunicação e distribuição para entregar os produtos da empresa ao mercado-alvo em todo o mundo. Segundo eles, os factores internos têm a ver com a estratégia e as operações internas da empresa e os externos estão relacionados com as condições de mercado, o tipo de concorrência ou a infraestrutura de marketing. Seja como for, o número de variáveis e a sua influência real variam ao longo do processo contínuo de normalização-adaptação, o que torna complexo e ainda mais difícil para os profissionais e os académicos explicar e obter respostas para a sua investigação.

Levitt (1984) e Onkvisit & Shaw (1987) afirmam que o mundo está a caminhar para uma corrente de homogeneização dos mercados e para a criação de um mercado global com as mesmas necessidades e exigências. Este facto proporciona oportunidades de normalização para as empresas de marketing internacional. No entanto, Levitt (1984) reconhece que existem algumas diferenças, mesmo entre segmentos de mercado locais, e sugere que as empresas devem procurar

10

oportunidades de venda em segmentos semelhantes, de modo a obter economias de escala. Outro ponto de vista académico é que apenas alguns produtos ou categorias de produtos podem ter um apelo global para segmentos específicos do mercado (Melewar & Vemmervik, 2004). Tal como Douglas & Wind (1987) defendem, a adoção de estratégias normalizadas pode ser uma solução para algumas indústrias e linhas de produtos específicas, mas não pode ser generalizada a todos os tipos de empresas a nível mundial.

Com base no que precede, surge uma questão crítica: até que ponto devem as empresas aplicar a normalização? Ryans & Donnelly (1969) defendem que o grau em que uma empresa pode aplicar a estandardização depende principalmente da importância dada às diferenças culturais entre países ou áreas diferentes do mesmo país. Se, por exemplo, uma empresa identificar pequenas diferenças entre as secções do mercado, aplicará sem dúvida uma abordagem publicitária normalizada (Ryans & Donnelly, 1969). A sua investigação mostrou que os gestores não prestam muita atenção às diferenças culturais, mas ao mesmo tempo parecem relutantes em utilizar a normalização. Pa- pavasiliou & Stathakopoulos, (1997) identificaram vários casos em que a normalização completa e a adaptação completa podem ocorrer, respetivamente. O envolvimento do consumidor é elevado quando se aplica a adaptação completa, enquanto o envolvimento do consumidor é baixo nas estratégias de normalização completa. Além disso, as decisões de publicidade internacional têm de ser normalizadas ou não. Se não forem normalizadas, têm de ser adaptadas a cada ocasião específica (Papavasiliou & Stathakopoulos, 1997). Além disso, a presença de um "ajuste" entre a estratégia de marketing aplicada e os factores ambientais desempenha um papel importante no desenvolvimento de uma empresa e é fundamental para o grau de normalização que esta deve aplicar (Katsikeas et al., 2006; Schilke et al., 2009).

É fundamental para um profissional saber se a tendência do marketing internacional está a evoluir para um nível de normalização crescente ou decrescente (Melewar & Vem- mervik, 2004). Para tal, é necessário comparar os diferentes inquéritos realizados ao longo do tempo. No entanto, isto é realmente difícil, uma vez que não existe uma definição exacta de normalização e a amostra de empresas testadas não é representativa, uma vez que diferem em termos de segmentos de mercado, caraterísticas do produto e estratégias organizacionais.

2.5. VANTAGENS DA NORMALIZAÇÃO

Existem várias razões para as multinacionais quererem aplicar estratégias padronizadas nos mercados internacionais. A mais importante é o facto de permitir que as multinacionais criem e avancem com uma campanha publicitária internacional em mercados diferentes e, por fim, permite poupar custos empresariais e criar economias de escala (Papavasiliou & Stathakopoulos, 1997; Melewar & Vemmervik, 2004; Levitt, 1984; Katsikeas et al, 2006; Schilke et al., 2009; Harvey, 1993; Douglas & Wind, 1987; Ryans et al., 2003; Theodosiou & Leonidou, 2003; Richen & Steinhorst, 2005; O'Donnell &Jeong, 2000; Alimiene & Kuvykaite, 2008). De acordo com Buzzell (1968), a normalização da conceção do produto, da embalagem e de outras actividades promocionais pode proporcionar economias de escala à empresa multinacional. Desta forma, as empresas podem produzir produtos de alta qualidade a preços baixos. Mesmo que, nalguns casos, as economias de custos sejam conseguidas à custa de vendas mais baixas em mercados específicos, o resultado claro em termos de rendimento é supostamente positivo (Britt, 1974). Em segundo lugar, os seus produtos já satisfazem as necessidades dos clientes e não são afectados pelas diferenças culturais. Desta forma, as empresas estão a tentar alcançar a consistência nas relações com os seus clientes. Os profissionais de marketing acreditam que a uniformidade na aparência e no estilo dos produtos, no serviço ao cliente e nas vendas, para além de uma imagem de marca global consistente, são formas poderosas de uma empresa aumentar as suas vendas (Katsikeas et al., 2006; Papavasiliou & Statha- kopoulos, 1997; Melewar & Vemmervik, 2004; Ruzevicius & Ruzeviciùté, 2011; Harvey, 1993; Douglas & Wind, 1987; Buzzell, 1968; Zou et al., 1997). RuzeviCius & Ruzeviciùté (2011), por outro lado, afirmam que estas vantagens podem funcionar como um boomerang e não serem eficazes para a empresa, como é suposto. Buzzell (1968) acrescenta mais dois benefícios da estandardização, que impulsionam a imagem da empresa e as vendas. Trata-se da melhoria do planeamento e do controlo da empresa, que se obtém através da coordenação das políticas de preços e da exploração de boas ideias, que desempenham um papel importante, especialmente se tiverem um apelo universal, devendo ser utilizadas o mais amplamente possível. Além disso, Schilke et al. (2009) descobriram que a relação entre normalização e desempenho empresarial é mais intensa e bem sucedida nas grandes empresas do que nas mais pequenas. Solberg (2002), descobriu que a normalização está intimamente ligada ao aumento dos lucros, enquanto Hite & Fraser (1990), descobriram que a publicidade adaptativa descentralizada é supostamente mais económica.

2.6. BENEFÍCIOS DA ADAPTAÇÃO

Uma vez que a normalização só é possível em condições particulares (Walters, 1986; Kotler, 1986), como a existência de uma secção de mercado global, sinergias potenciais da normalização e canais de comunicação e distribuição, há uma forte razão para estratégias adaptativas aplicadas pelas empresas (Zou et al., 1997). Os defensores da adaptação observam que, através de campanhas publicitárias adaptadas, reforçam a vantagem diferencial dos produtos da empresa e

12

aumentam o lucro (Melewar & Vemmervik, 2004; Onkvisit & Shaw, 1987). A abordagem de adaptação está geralmente ligada a uma função publicitária descentralizada, que permite uma maior resposta e adaptação às necessidades locais. Além disso, com uma abordagem de normalização, a empresa concentra-se principalmente na redução de custos e tem uma estratégia de orientação para o produto, o que significa que ignora as necessidades dos consumidores de uma mensagem significativa e o processo de comunicação é interrompido (Melewar & Vemmervik, 2004; Zou et al., 1997). A redução dos custos nem sempre implica um aumento dos lucros, uma vez que a normalização pode tornar a estratégia de marketing pouco atractiva para o público, diminuindo assim os lucros (Onkvisit & Shaw, 1987). Além disso, outra razão importante para aplicar a abordagem de marketing adaptativo é a diferenciação de preços (Shoham, 1995). No entanto, a adaptação pode causar custos elevados, que afectam a eficiência da empresa (Ruzevicius & Ruzeviciùté, 2011).

As estratégias adaptativas podem ser bem sucedidas quando as culturas são diferentes e são consideradas como tendo grandes diferenças em termos de infra-estruturas de marketing. Neste caso, uma campanha de marketing ajustada seria ideal, uma vez que apelaria às exigências dos consumidores locais. Além disso, a adaptação é supostamente mais viável nos casos em que as leis governamentais e os regulamentos de um país são rigorosos e diferentes de outros segmentos de mercado. Neste caso, as empresas terão de se adaptar às políticas locais para cumprir os requisitos e as normas de segurança do país (Zou et al., 1997).

2.7. NORMALIZAÇÃO, ADAPTAÇÃO OU COMPROMISSO

Até à data, muitos autores dividiram as abordagens de normalização em três categorias: a) proponentes da normalização, b) opositores da normalização e c) apoiantes do compromisso. Os defensores da abordagem da normalização afirmam que uma mensagem promocional com apenas pequenas alterações pode ser utilizada com êxito em todos os países (Solberg, 2000; Papavasiliou & Stathakopoulos, 1997; Ryans & Donnelly, 1969; Onkvisit & Shaw, 1999). O primeiro defensor da abordagem de normalização foi David L. Brown, que afirmou que os consumidores de todo o mundo têm muitas caraterísticas semelhantes, o que cria a necessidade de uma campanha normalizada (Melewar & Vemmervik, 2004). Outro defensor da estandardização é Peebles (1988), que identifica as diferenças culturais entre países, mas considera que não constituem grandes barreiras ao marketing global (Melewar & Vemmervik, 2004). Além disso, os apoiantes afirmam que a normalização é ainda mais facilitada pelo desenvolvimento da infraestrutura de comunicação internacional, o aparecimento de sectores de mercados globais e a evolução da Internet (Theodosiou & Le- onidou, 2003).

13

Os opositores da abordagem de normalização defendem que devem ser utilizadas mensagens diferentes em mercados diferentes, adaptando a mensagem a cada país específico (Ryans & Donnelly, 1969; Ryans et al, 2003; Theodosiou & Leonidou, 2003; Onkvisit & Shaw, 1999), uma vez que as diferenças entre culturas são importantes e uma abordagem de normalização conduz a uma "perda de vantagem competitiva" e a uma diminuição das vendas (Kotler, 1986; Papavasiliou & Stathakopoulos, 1997; Melewar & Vemmervik, 2004). Boddewyn et al., (1986) e Douglas & Wind (1987) afirmaram que as diferenças culturais entre países, tais como gostos, regulamentos e hábitos, necessitam de uma estratégia de marketing adaptada para serem bem sucedidas. Cutler et al., (1992) também, através da sua investigação, descobriram que as diferenças entre os mercados são maiores do que as caraterísticas semelhantes e, deste modo, os profissionais de marketing devem ter muito cuidado com a ideia de normalização. Isto contradiz a opinião de Levitt (1984), que defende que o mundo está a caminhar para a homogeneização e para a criação de um mercado global.

Os apoiantes da abordagem de compromisso afirmam que tanto a normalização como a adaptação são necessárias para que as operações de marketing internacional sejam bem sucedidas. Reconhecem os diferentes atributos entre os países, mas ao mesmo tempo sugerem um grau de normalização (Ruzevicius & Ruzeviciùté, 2011; Onkvisit & Shaw, 1987; Harvey, 1993; Douglas & Wind, 1987; Onkvisit & Shaw, 1999). De acordo com Theodosiou & Leonidou (2003), não devem ser vistos separadamente, mas sim como os dois extremos da mesma escala (Onkvisit & Shaw, 1987), em que o grau de normalização/adaptação da estratégia de marketing de cada empresa pode variar nesta escala. A diferença efectiva entre normalização e adaptação reside no grau em que é aplicada e não no seu tipo. A maioria das empresas escolhe a abordagem de compromisso nas suas estratégias de publicidade (Harris, 1994; Kanso, 1992; Ruzevicius & Ruzeviciùté, 2011). Além disso, Pa- pavasiliou & Stathakopoulos, (1997) e Melewar & Vemmervik, (2004) identificaram uma série de académicos que sugerem que várias partes das funções de marketing podem ser normalizadas enquanto outras podem ser adaptadas. No entanto, a conclusão final dos académicos é que é essencial um certo grau de adaptação para ter êxito nos mercados internacionais, enquanto os profissionais ainda não chegaram a uma conclusão e vacilam entre a normalização e a adaptação (Melewar & Vemmervik, 2004).

2.8. NORMALIZAÇÃO INTERNACIONAL DA PUBLICIDADE

A publicidade é, sem dúvida, a ferramenta de marketing mais óbvia e, ao mesmo tempo, uma das mais importantes (Deleersnyder et al., 2009). É fundamental para o sucesso de uma empresa multinacional (Cui et al, 2012). De acordo com Hackley (2010, pg. 194), "a publicidade é inerentemente um produto cultural". A investigação sobre publicidade internacional mostrou que existem muitas diferenças em termos de conteúdo publicitário entre um país e outro. Em parte, os anúncios reflectem os regulamentos, os costumes, os valores e as caraterísticas de cada país. De acordo com Duncan & Ramaprasad (1995), estes factores podem afetar significativamente o sucesso de uma campanha publicitária. Desta forma, perceber a importância dos valores culturais na publicidade internacional tem um valor realista (Tian & Borges, 2011).

De acordo com De Mooij (1998), o objetivo básico da publicidade internacional é a ligação cultural entre os valores promovidos no anúncio e os valores pessoais do consumidor que o recebe. Desta forma, é importante que as empresas compreendam as diferenças nos padrões dos consumidores em cada mercado específico, de modo a criar campanhas publicitárias bem sucedidas (Pae et al., 2002).

Para começar, os termos de normalização/adaptação do marketing internacional foram amplamente discutidos na secção anterior, pelo que vamos dar algumas dicas importantes sobre a normalização da publicidade. Há mais de quatro décadas que as agências de publicidade internacionais e os académicos têm vindo a defender a aplicabilidade de uma publicidade internacional normalizada (Harris, 1994; James & Hill, 1991). Apesar das várias discussões entre normalização e adaptação na literatura académica, bem como na prática de marketing, ainda é incerto o que diferencia a publicidade normalizada da adaptada (Backhaus et al., 2001). Onkvisit & Shaw, (1999) deram uma definição para a publicidade estandardizada, separando-a da publicidade global. Segundo eles, uma publicidade estandardizada é aquela que tem uma "origem doméstica" e mais tarde é aplicada a mais países, enquanto uma publicidade global é aquela que é concebida desde o início para se dirigir a muitos países diferentes, tendo em conta as suas caraterísticas semelhantes e diferentes.

Atualmente, a publicidade desenvolveu-se muito devido ao avanço da Internet e dos sistemas de telecomunicações. Os consumidores podem facilmente assistir a campanhas publicitárias noutros países, utilizando a televisão por cabo ou por satélite. Quando o público-alvo assiste a diferentes anúncios do mesmo produto, pode ficar facilmente confuso e, por vezes, aborrecido. É por isso que a normalização da publicidade é aplicada pelas empresas, de modo a evitar a confusão de imagens (Backhaus et al., 2001).

No entanto, os profissionais de marketing publicitário internacional enfrentam algumas dificuldades no que respeita à normalização, uma vez que têm de ter seriamente em consideração as caraterísticas locais de cada segmento de mercado, as diferentes necessidades dos consumidores e a regulamentação do país (Backhaus et al., 2001; Green et al, 1975). Por exemplo, suponhamos que um profissional de marketing pretende aplicar uma campanha publicitária normalizada em toda a Europa. Tem de ter em conta que a legislação francesa não permite a utilização de línguas estrangeiras nos anúncios, pelo que a campanha publicitária não pode ser totalmente normalizada. Em alternativa, tem de conceber uma campanha que seja tão normalizada quanto possível e que, ao mesmo tempo, cumpra a legislação francesa. Uma solução eficaz seria a utilização de um anúncio "baseado na imagem", em que a mesma imagem, layout e slogan serão utilizados, mas adaptados à língua local de cada país. Desta forma, os profissionais de marketing podem realizar campanhas publicitárias altamente normalizadas e satisfazer as expectativas dos consumidores (Backhaus et al., 2001).

A normalização da publicidade deve ser vista como uma estratégia que cria imagens, temas e nomes de marcas unificados em todos os países (Duncan & Ramaprasad, 1995). Harris (1996) defende que a normalização da publicidade faz parte da estratégia de uma empresa e, por isso, pode ser considerada um objetivo empresarial. Os defensores da normalização das campanhas publicitárias sustentam que as exigências dos consumidores se tornaram uniformes devido à globalização e, por conseguinte, o mesmo anúncio pode ser utilizado em todos os segmentos de mercado. Desta forma, as empresas minimizam os seus custos e, ao mesmo tempo, maximizam a sua eficácia (Harris, 1996). No entanto, nem todas as partes da campanha publicitária podem ser normalizadas. Algumas podem ser normalizadas, enquanto outras podem ser adaptadas (Duncan & Ramapras- ad, 1995; Harris, 1994).

2.9. A COMUNICAÇÃO COMERCIAL E O IMPACTO DOS FACTORES CULTURAIS

A comunicação comercial internacional ultrapassa as fronteiras nacionais e actua a uma escala global para as funções empresariais. A comunicação é o fator mais importante para qualquer empresa internacional, para que seja bem sucedida no competitivo mercado global. A eficácia de uma empresa é significativamente definida pela sua política de comunicação de marketing (Tian & Borges, 2011).

Apesar da dificuldade de normalizar os métodos, as comunicações de marketing têm sido aplicadas pelas empresas à escala mundial nos últimos anos. A normalização das comunicações de marketing a nível mundial é uma boa oportunidade para as empresas, uma vez que estas poupam custos e mantêm a sua imagem de marca. "A comunicação de marketing é um fio condutor importante no debate sobre a globalização" (Hackley, 2010, pg. 201). Apesar desse facto, a comunicação de uma mensagem através de diferentes países e culturas causa muitas

16

dificuldades (Hackley, 2010).

A influência da globalização tornou significativamente importante que os profissionais de marketing estejam conscientes da necessidade de fazer negócios em diferentes culturas. A capacidade de uma comunicação intercultural interactiva entre empresas e consumidores é vital para o sucesso da empresa. De acordo com De Mooij & Hofstede (2010), os valores culturais são supostamente uma parte integrante da personalidade dos consumidores e, por conseguinte, os profissionais de marketing têm de considerar os consumidores como o "centro das atenções", a fim de desenvolverem mensagens de marketing bem sucedidas. Os factores culturais devem afetar a comunicação e o grau de concorrência nas empresas internacionais. O fator "consciência cultural" influencia em grande medida a forma como as empresas actuam quando aplicam estratégias de marketing internacional (Unwin, 1974). É sabido que "os factores culturais actuam como barreiras invisíveis nas comunicações de marketing internacional" (Tian & Borges, 2011, pg. 110). A competência mais importante a desenvolver pelas empresas é reconhecer as diferenças locais de cada país, de modo a obter uma vantagem competitiva. Gregory & Munch (1997) defendem que as empresas multinacionais devem concentrar-se não só nas diferenças, mas também nas semelhanças das culturas. No entanto, os profissionais de marketing por vezes negligenciam a importância das diferenças culturais e, por isso, não têm sucesso nas suas estratégias (Tian & Borges, 2011).

Atualmente, os mercados não se tornaram apenas mundiais, mas também transculturais. As empresas internacionais que encaram este fator como um desafio e não como uma barreira são supostamente as mais bem sucedidas. Como o mundo está a caminhar para a homogeneização, a "interculturalização" também será inevitável. Por um lado, como o mercado global está a tornar-se cada vez mais uniforme e normalizado, as diferenças entre as nações estão a diminuir e as comunicações de marketing actuam como uma disciplina globalmente uniforme. Por outro lado, as diferenças culturais entre os países estão a tornar-se mais intensas e as comunicações de marketing internacionais têm de ser cuidadosamente aplicadas pelos gestores. No entanto, de acordo com Tian & Borges (2011), a cultura tem um grande impacto nas comunicações de marketing, exatamente como as comunicações de marketing, por sua vez, têm um impacto na cultura.

A relação entre as comunicações de marketing e a cultura pode ser observada através de três pontos de vista. Em primeiro lugar, a cultura determina o comportamento de compra, uma vez que os factores interculturais têm um grande impacto nas preferências e hábitos dos consumidores (Whitelock & Dja- mala, 1989). Em segundo lugar, a influência da cultura nas comunicações de

17

marketing é muito mais fácil de reconhecer do que qualquer outra variável comercial. Por exemplo, a língua, que é um dos elementos-chave de uma cultura, afecta os esquemas de comunicação comercial internacional de uma empresa. Em terceiro lugar, as comunicações de marketing têm, por sua vez, um impacto na cultura, uma vez que a globalização dos mercados está a uniformizar as necessidades dos consumidores e a taxa de mudança cultural está a aumentar (Tian & Borges, 2011).

No entanto, as culturas não podem mudar fácil ou rapidamente, uma vez que os consumidores podem insistir nas suas preferências de compra. Por esta razão, as empresas têm de procurar e descobrir as semelhanças entre os diferentes mercados e torná-las parte das suas tácticas de marketing internacional. Os gestores de marketing devem ter sempre o cuidado de alterar os seus programas de marketing, para que estes estejam em harmonia com o mercado-alvo. No entanto, na maioria das vezes, quando uma empresa aplica as suas estratégias em novos mercados, os profissionais de marketing aplicam instintivamente as suas próprias experiências culturais no mercado e, como resultado, não conseguem satisfazer as expectativas dos consumidores. Especialmente em alguns casos em que o etnocentrismo prevalece, as comunicações de marketing não podem ser eficazes ou bem sucedidas (Tian & Borges, 2011).

Além disso, a comunicação intercultural está a tornar-se cada vez mais importante para as empresas, uma vez que estas começaram a incluí-la nos seus planos estratégicos empresariais. Na realidade empresarial atual, as empresas que são capazes de aplicar estratégias e técnicas de comunicação intercultural com sucesso são as que sobreviverão e se tornarão suficientemente competitivas (Tian & Borges, 2011).

Finalmente, vale a pena mencionar que a existência de diversidade cultural mostra que a extensão da normalização da estratégia geral de marketing pode diferir de acordo com os atributos semelhantes ou diferentes dos segmentos de marketing. Assim, o desenvolvimento e a eficácia das comunicações de marketing devem ser adaptados aos valores, tradições, normas e regulamentos locais de cada mercado específico (Gregory & Munch, 1997).

2.10. LACUNAS DE CONHECIMENTO

• Definição clara de normalização

• O grau exato de normalização

• Factores específicos que influenciam a normalização

• Finalmente, as empresas devem adaptar-se ou normalizar-se para serem bem sucedidas?

Através de uma análise exaustiva e aprofundada da literatura, foram identificadas algumas lacunas de conhecimento: Em primeiro lugar, após 40 anos de investigação académica e quase 80 anos de debate entre profissionais (Ryans et al., 2003), a questão da normalização-adaptação continua por resolver até agora (Theodosiou & Leonidou, 2003). Apesar dos esforços dos profissionais e dos académicos para dar uma definição de normalização, ainda não existe uma prova clara do que é a normalização e do que define uma campanha de marketing normalizada. Apesar de terem sido dadas várias explicações por diferentes autores, ainda não foi decidida coletivamente uma definição adequada.

Em segundo lugar, ainda não foi definido o grau exato em que as empresas devem aplicar a normalização. Muitos académicos sugerem a aplicabilidade de estratégias normalizadas para a prosperidade da empresa, mas ainda não especificam em que medida isso é possível.

Em terceiro lugar, foi amplamente discutido na revisão da literatura que múltiplos factores podem influenciar a normalização. Considerando o facto de que cada autor defende a sua própria perspetiva, ainda não existe um conjunto específico de variáveis que afectam a normalização.

Por último, mas não menos importante, como foi amplamente argumentado na secção anterior, os pontos de vista dos profissionais e dos académicos são divergentes em termos de normalização versus adaptação. Há defensores da normalização que apresentam fortes argumentos para a sua aplicação, enquanto há opositores que defendem esse facto e, ao mesmo tempo, sugerem estratégias de adaptação. Há ainda uma terceira parte, que insiste na combinação de ambas para o sucesso da empresa internacional. Deste debate pode facilmente inferir-se que não existe uma "regra" específica para uma empresa aplicar uma estratégia de marketing normalizada, adaptativa ou mista.

3. METODOLOGIA DE INVESTIGAÇÃO

O capítulo seguinte apresenta algumas orientações importantes sobre os métodos de recolha de dados e os métodos de investigação utilizados neste estudo específico.

3.1. O PAPEL E O OBJECTIVO DOS MÉTODOS DE INVESTIGAÇÃO

Esta secção fornece todas as informações importantes para a metodologia de investigação e explica a razão da escolha de métodos específicos de recolha de dados, como os dados primários e secundários, e a análise de cada um deles separadamente. A análise dos dados primários e secundários tem de ser efectuada com muito cuidado para se poder responder à principal questão de investigação.

Para levar a cabo uma investigação bem sucedida, é essencial ter um projeto de investigação e uma visão clara dos métodos de recolha e análise de dados. É igualmente importante considerar a validade e a fiabilidade dos dados que serão utilizados na investigação. As técnicas analíticas adequadas que serão utilizadas são de extrema importância (Saunders et al., 2007).

3.2. INVESTIGAÇÃO QUALITATIVA VERSUS INVESTIGAÇÃO QUANTITATIVA

Até à data, muitos autores tentaram separar a investigação qualitativa da quantitativa, apesar de se depararem com muitos problemas. No entanto, serão referidos os pontos mais importantes que distinguem estes dois tipos de investigação. A investigação quantitativa baseia-se principalmente em significados, que são derivados de números e estatísticas. A recolha e análise de dados é feita com dados normalizados, diagramas e estatísticas. Pelo contrário, a investigação qualitativa baseia-se em significados, que são expressos através de palavras. A recolha e a análise de dados são efectuadas através da utilização de teorias (Saunders et al., 2007).

3.3. RECOLHA DE DADOS

Os dados podem ser obtidos através de duas fontes diferentes: dados primários e dados secundários. Os dados primários são informações obtidas em primeira mão pelo investigador para o objetivo específico do projeto. Podem ser entrevistas, grupos de discussão, questionários, etc. De acordo com Zikmund (1994, pág. 40), os dados primários são "recolhidos e reunidos especificamente para o projeto em questão". Os dados secundários são recolhidos a partir de fontes já existentes (Sekaran, 2003). Os dados secundários podem ser livros, artigos, revistas, relatórios e muitos outros. Os dados que são recolhidos através de uma investigação têm de estar estreitamente ligados à questão e aos objectivos principais da investigação, a fim de dar um enfoque particular ao estudo (Saunders et al., 2007). Este estudo utilizou dois métodos diferentes de recolha de dados, um quantitativo (questionário) e um qualitativo (estudo de caso), ambos combinados num estudo de caso e descritos analiticamente a seguir.

3.4. RECOLHA DE DADOS PRIMÁRIOS ATRAVÉS DE QUESTIONÁRIOS

A escolha de um questionário tem de ser muito cuidadosa, uma vez que é diretamente influenciada por vários factores relacionados com a questão de investigação e os objectivos. A conceção de um questionário pode diferir em termos de estrutura e da quantidade de contacto que o investigador tem com os inquiridos. Desta forma, temos duas categorias de questionários, os auto-administrados, que são principalmente preenchidos eletronicamente pelos destinatários, e os administrados por entrevistadores, que incluem questionários telefónicos e entrevistas estruturadas (Saunders et al., 2007). Neste caso, foi concebido um questionário em linha, pelo que algumas das suas principais vantagens são apresentadas a seguir.

As vantagens dos questionários em linha são múltiplas. Em primeiro lugar, podem ser utilizados para recolher grandes quantidades de informação num período de tempo limitado e com um baixo custo por inquirido. Em segundo lugar, os inquiridos podem dispor de tempo para responder às perguntas e dar respostas mais honestas a perguntas pessoais. Em terceiro lugar, as respostas dos inquiridos podem ser mais objectivas e imparciais, uma vez que não há entrevistador envolvido. Por último, mas não menos importante, o questionário em linha é uma boa solução para chegar a pessoas que se encontram em locais distantes e, especialmente, àquelas que viajam frequentemente. No entanto, este procedimento tem alguns inconvenientes. Não é muito flexível, uma vez que muitas pessoas podem não ter acesso à Internet. Além disso, na maioria das vezes, demora mais tempo do que uma entrevista normal ou telefónica. Outro problema grave dos questionários em linha é que a taxa de resposta é muitas vezes bastante baixa, o que torna difícil para o investigador encontrar uma amostra representativa a tempo e efetuar uma análise adequada. Além disso, o investigador não pode ter qualquer controlo sobre as pessoas que preenchem o questionário, o que pode invalidar os seus resultados (Dawson, 2002; Kothari, 2005; Kumar, 2011).

3.5. CONCEPÇÃO DO QUESTIONÁRIO

A conceção de um questionário para métodos de recolha de dados baseados em inquéritos é uma etapa crucial do processo de investigação (Saunders et al, 2007). A primeira fase da nossa investigação é a conceção de um questionário, que foi enviado para três países diferentes, Estados Unidos, Reino Unido e Grécia, e foi preenchido em linha. O questionário original foi objeto de

21

várias alterações após a realização de testes-piloto, de modo a ser devidamente adaptado ao ponto de vista de cada consumidor. Além disso, o questionário era composto por diferentes formatos de perguntas, num total de 16. A parte dos dados demográficos incluía 7 perguntas. Os inquiridos foram convidados a indicar o seu sexo, o seu país de residência, a sua idade, as suas habilitações literárias, a sua situação profissional e o seu estado civil. A parte principal relacionada com a publicidade era composta por 9 perguntas: perguntas dicotómicas, perguntas de escolha múltipla e listas de verificação, uma pergunta aberta, uma pergunta de medição deslizante e 3 perguntas de escala de Likert. Os itens foram colocados em afirmações da escala de Likert, a fim de encontrar os pontos de vista e as abordagens dos consumidores, escolhendo a opção que reflecte a sua opinião pessoal sobre a afirmação específica em cada escala de 5 pontos fornecida. A variedade de respostas variou entre discordo totalmente e concordo totalmente e muito mal sucedido e muito bem sucedido (Malhotra & Birks, 2007).

Para medir o grau de normalização da campanha publicitária da P&G escolhida, o questionário pedia aos inquiridos que indicassem uma percentagem específica numa barra deslizante, indicando até que ponto consideram que todas as partes que compõem a campanha publicitária podem ser normalizadas globalmente. Também foi pedido aos inquiridos que indicassem as suas atitudes em relação a anúncios normalizados e adaptados, dando as suas respostas numa escala de muito negativo a muito positivo, de acordo com Tai & Pae, (2001). Além disso, a amostra da população foi aleatória, uma vez que o questionário foi publicado em várias redes sociais, como o Facebook, o Twitter e o LinkedIn. Esta opção permitiu-nos ter uma amostra representativa de cada população, uma vez que a idade, o género e a origem variavam de acordo com o consumidor.

O objetivo do questionário era investigar as preferências e os pontos de vista dos consumidores do Reino Unido, dos Estados Unidos e da Grécia, relativamente à influência que as campanhas publicitárias têm sobre eles e quais as caraterísticas dos anúncios que devem ser modificadas e em que medida, de modo a satisfazer as expectativas dos consumidores. Por este motivo, foi escolhida uma campanha publicitária normalizada da Procter & Gamble, que foi transmitida durante o período dos Jogos Olímpicos de 2012, bem como três anúncios impressos da Pantene Pro-V e um anúncio impresso da Gillette. O anúncio normalizado da Procter & Gamble foi escolhido como um exemplo refletido de um anúncio universal. Além disso, os três anúncios impressos da Pantene foram adaptados a cada país específico, mostrando as diferentes imagens e padrões de cada um. Em contraste, o anúncio impresso da Gillette era um anúncio normalizado, uma vez que se mantinha inalterado em todo o mundo. Desta forma, tentámos mostrar a diferença entre os dois tipos de anúncios aos consumidores, de modo a investigar as suas preferências e interesses por cada um deles. Estes resultados ajudar-nos-ão a responder à nossa questão de investigação sobre o grau em que as percepções de normalização dos consumidores diferem entre países.

3.6. RECOLHA DE DADOS PRIMÁRIOS ATRAVÉS DE ESTUDOS DE CASO

"Um estudo de caso é um exame aprofundado de um único caso de um fenómeno de interesse e é um exemplo de um método de investigação qualitativa" (Collis & Hussey, 2003, p. 68).

Uma abordagem de estudo de caso é uma unidade de análise, por exemplo, uma empresa, um grupo, um acontecimento ou mesmo uma pessoa individual. Implica uma recolha pormenorizada de informações sobre a unidade de análise e, na maioria dos casos, leva um longo período de tempo para que o investigador adquira um conhecimento e uma compreensão profundos da mesma. De acordo com Collis & Hussey (2003), um estudo de caso pode ser descritivo, ilustrativo, experimental ou explicativo. Descritivos são os estudos de caso cujos objectivos se restringem apenas à descrição de práticas. Os ilustrativos são aqueles em que a investigação procura ilustrar novas práticas que são implementadas por empresas específicas. Experimentais são os estudos de caso em que é essencial para o investigador examinar as várias dificuldades na aplicação de novas técnicas e práticas pela empresa e avaliar os seus benefícios. Por último, mas não menos importante, os estudos de caso explicativos, que utilizam a teoria existente para compreender e explicar a situação atual da empresa objeto de investigação.

Além disso, segundo Saunders et al, (2007), o estudo de caso é uma estratégia que, para ser bem sucedida, deve ter um interesse particular para o investigador. É mais frequentemente utilizado na investigação explicativa ou experimental. Os métodos de recolha de dados num estudo de caso podem ser múltiplos e podem ser utilizados em combinação. Por exemplo, um estudo de caso pode incluir entrevistas, questionários ou análise documental. Neste estudo, o método que será utilizado é um estudo de caso que inclui um questionário, pelo que as técnicas qualitativas e quantitativas serão igualmente analisadas.

Um estudo de caso da Procter & Gamble constitui a segunda fase desta investigação. Será analisado em profundidade, na perspetiva da empresa e do consumidor. Foi realizada uma investigação exaustiva dos antecedentes da empresa, de modo a examinar as actividades internas e externas da empresa e as suas estratégias de publicidade em termos de normalização e de esquemas de adaptação. As fontes utilizadas foram múltiplas, incluindo EBSCO, Emerald, WARC, Google Scholar, biblioteca da UEL e British Library, a fim de obter uma visão profunda da empresa e uma perspetiva objetiva das suas actividades e políticas

3.7. ANÁLISE DE DADOS

Uma vez recolhidos os dados adequados da investigação, é altura de os analisar. A escolha dos métodos e técnicas dependerá do facto de os dados recolhidos serem qualitativos, quantitativos ou ambos (Collis & Hussey, 2003). A análise dos dados tem de ser muito cuidadosa, pois é a parte mais importante e crucial de uma investigação. Nesta secção, todas as partes são combinadas e examinadas em profundidade, de modo a dar respostas à(s) pergunta(s) de investigação e aos objectivos do investigador.

3.8. AVALIAÇÃO DA ANÁLISE

Uma vez selecionado e aplicado corretamente o método de análise, este deve ser avaliado em termos de credibilidade, transferibilidade, fiabilidade e confirmabilidade, quando se trata de dados qualitativos. A credibilidade mostra que os resultados da investigação foram corretamente identificados e descritos. A transferibilidade significa se os resultados podem ser generalizados ou aplicados a outra situação. A fiabilidade mostra se as técnicas de investigação são sistemáticas, precisas e documentadas. Por último, a confirmabilidade é utilizada para avaliar se as conclusões da investigação estão em consonância com os dados (Collis & Hussey, 2003). Se o investigador utilizou um método quantitativo, tem de verificar se as suas conclusões são válidas e fiáveis no final. A validade tem a ver com o ponto em que as conclusões são exactas e reflectem os objectivos do estudo e a fiabilidade mostra se as conclusões da investigação são realistas e podem ser obtidas por outra pessoa.

4. CONCLUSÕES DO ESTUDO DE CASO DA PROCTER & GAMBLE

O capítulo seguinte analisará em profundidade as caraterísticas, os métodos e as funções da P&G, a fim de avaliar em que medida a empresa pode aplicar com êxito a publicidade normalizada ou adaptada.

4.1. VISÃO GERAL DA EMPRESA

A P&G começou por ser uma empresa de sabão e velas e foi fundada em 1837. É uma empresa líder no sector dos bens de consumo, com vendas no valor de 76,7 mil milhões de dólares (P&G, 2011). Concorre em 26 mercados de categorias de produtos diferentes, tais como cosméticos, cuidados com a pele, cuidados com o cabelo, cuidados com os tecidos e muitos outros (Farasyn et al., 2011). É a maior empresa do sector dos bens de consumo. Os concorrentes mais importantes da P&G são a Unilever, a Johnson & Johnson, a Avon Products, a Colgate-Palmolive e a Kimberly-Clark Corporation. É uma empresa altamente competitiva, cujo sucesso se baseia principalmente no reconhecimento da marca e na inovação dos produtos (Hooper et al., 2007).

A empresa comercializa cerca de 300 marcas para aproximadamente 5 mil milhões de consumidores em mais de 180 países do mundo. Tem operações em mais de 80 países. Até à data, possui 50 marcas líderes. A fim de responder e satisfazer as necessidades da sua base de clientes, a empresa aplicou uma estratégia de desenvolvimento de uma ampla distribuição dos seus produtos. Os principais objectivos da P&G são criar produtos inovadores e rentáveis para melhorar a vida dos consumidores a nível mundial (P&G, 2012; Datamonitor, 2011). A empresa está dividida em três unidades de negócio globais (GBU) e um grupo de operações globais. As três GBUs são cuidados domésticos, beleza e saúde e bem-estar. O grupo de operações globais consiste na Organização de Desenvolvimento de Mercado (MDO) e nos Serviços Empresariais Globais (Datamonitor, 2010).

A P&G está a tentar manter os seus clientes actuais e possivelmente ganhar novos clientes através da aplicação de programas específicos amigos do ambiente, tais como a redução dos seus resíduos de fabrico, utilizando materiais e energia renováveis, etc. Também implementou programas comprometidos com a responsabilidade social através do seu programa global "Viver, Aprender e Prosperar", através do qual a empresa está a tentar atingir os seus objectivos (P&G, 2011). Além disso, como a empresa está a tentar fornecer aos consumidores produtos de marca de alta qualidade todos os dias, investiu em programas de Investigação e Desenvolvimento (I&D) para atingir este objetivo. Todos os anos, a P&G aumenta o seu financiamento em I&D (Hooper et al, 2007).

A P&G é reconhecida como uma empresa líder a nível mundial, sendo a número 5 no ranking das "empresas mais admiradas" da Fortune, a número 10 na "lista das empresas mais respeitadas do mundo" da Barron's e a 25 na lista das "empresas mais inovadoras do mundo" da Business Week (P&G, 2011).

A P&G tem uma responsabilidade e uma oportunidade. A sua responsabilidade é ser um cidadão corporativo ético, enquanto a sua oportunidade é muito maior do que isso e está incorporada na sua estratégia e objetivo. A P&G unifica o seu pessoal numa causa comum e numa estratégia de crescimento. Como empresa, promove uma ideia simples, que é melhorar a vida dos consumidores em todo o mundo, todos os dias. As tácticas culturais da P&G reflectem a sua oportunidade de melhorar a vida das pessoas através e para além dos seus produtos e serviços de marca. Isso também é demonstrado pelo seu slogan: "Investimos anualmente 400 milhões de dólares na compreensão dos consumidores" (P&G, 2012). Com grandes economias de escala, elevada concentração da indústria, custos relativamente baixos (e possivelmente elevados custos de saída) e elevada vantagem competitiva, a P&G na indústria de bens de consumo é supostamente uma das empresas mais bem sucedidas e rentáveis (Hoopers et al, 2007).

4.2. A ESTRATÉGIA DE MARKETING DA P&G

Como Joan Lewis, responsável pelo conhecimento global do consumidor e do mercado na Procter & Gamble, "se não gosta de pessoas, por favor não se meta na investigação de marketing" (Precourt, 2011b, p.2). A P&G acredita que a chave para o sucesso é ver os produtos através dos olhos do consumidor. A P&G tem vindo a aplicar o marketing multicultural há mais de meio século (Precourt, 2011a). A missão da empresa é construir e promover marcas que satisfaçam os consumidores. Como as necessidades e exigências dos consumidores estão sempre a mudar, a empresa tem de se adaptar a essas mudanças e oferecer os melhores produtos possíveis aos seus segmentos de mercado. A estratégia da empresa consiste em dar passos importantes para expandir as suas capacidades em áreas que lhe proporcionem uma vantagem competitiva e, ao mesmo tempo, criem um sentido de comunidade mais forte.

Para além disso, a P&G, ao explorar e examinar novos modelos de marketing, tenta sempre colocar os consumidores no centro de todos os procedimentos de marketing. Nos seus conceitos publicitários, a empresa tenta ser inovadora e mostrar ao seu mercado-alvo que os seus produtos são únicos e podem mudar as suas vidas (Stengel, 2004).

4.3. MOTIVOS DA P&G PARA A NORMALIZAÇÃO

As economias de escala de uma empresa podem conferir-lhe uma vantagem competitiva em relação às outras. Desta forma, a empresa pode aumentar a sua produção e, ao mesmo tempo, minimizar os seus custos. Este é um atributo particular que só as grandes empresas conseguem alcançar. Como a Procter & Gamble é uma delas, pode facilmente tirar partido das suas economias de escala e ter sucesso no mercado. Para aplicar as economias de escala, é essencial que uma empresa disponha de grandes quantidades de activos, dificultando assim a concorrência de novos operadores em termos de preços e custos de produção (Hooper et al., 2007). De acordo com a revisão da literatura, as economias de escala são um dos principais benefícios da normalização, pelo que a P&G aplica esquemas de normalização nos seus produtos e serviços para reduzir os seus custos e aumentar os seus rendimentos.

A P&G reduziu as suas linhas de produtos em todos os países, a fim de criar modelos mais simples que se adaptem a todos os clientes a nível mundial. Esta estratégia faz sentido, uma vez que os clientes não precisam de centenas de versões de produtos diferentes. A empresa beneficiou da sua estratégia de criação de produtos normalizados a nível mundial, que satisfazem as necessidades dos clientes a nível mundial (Medina & Duffy, 1998).

Outro motivo para a P&G aplicar tácticas de normalização é manter o reconhecimento global da marca que já conquistou ao longo do tempo. Uma vez que a sua competitividade se baseia no reconhecimento da marca e na inovação dos produtos, o seu objetivo é manter a imagem da empresa bem presente na mente dos consumidores. A uniformidade do produto em termos de design/embalagem e actividades promocionais nos diferentes segmentos de mercado torna a marca ainda mais reconhecível e ajuda a empresa a manter uma imagem de marca consistente (Hooper et al., 2007).

Por último, mas não menos importante, a melhoria do planeamento e do controlo das actividades da empresa, que se consegue através da coordenação das suas políticas de preços e da exploração de boas ideias, segundo Buzzell (1968), é um motivo importante para a P&G aplicar planos de marketing normalizados.

4.4. A ESTRATÉGIA DE PUBLICIDADE NORMALIZADA DA P&G

De acordo com o diretor-geral da P&G em 2002, a publicidade nas últimas décadas não é tão fácil como era há muitos anos. Atualmente, é muito mais difícil influenciar os consumidores e fazer com que as campanhas se diferenciem das outras, uma vez que existem milhões de empresas a divulgar os seus produtos e serviços. A televisão é uma das ferramentas mais eficientes para publicitar os produtos da empresa e chegar a audiências massivas, mas para que a mensagem da empresa chegue a todo o mundo, é importante ter uma combinação de televisão, imprensa, outdoors, revistas, anúncios de rádio e uma interação contínua com os consumidores.

Além disso, o diretor da P&G afirmou que, há muitos anos, a estratégia de publicidade da empresa era posicionada a nível local. Esta era supostamente uma fraqueza do sistema, uma vez que havia muitas duplicações e erros na publicidade. Desta forma, a P&G centralizou a tomada de decisões em matéria de publicidade numa base europeia, mas certificou-se sempre de que os anúncios eram adaptados a cada país específico. Um exemplo dos produtos da empresa é a campanha "Always", que funcionou em todos os mercados inalterados, mas as execuções foram efectuadas localmente. De acordo com o diretor da P&G, "O importante é ganhar no mercado local, mas isso não significa que cada país crie os seus próprios anúncios: tentamos criar campanhas. Se conseguirmos uma campanha que seja muito poderosa em muitas das nossas categorias, ela funcionará em todos os países. As campanhas da Pampers e da Pantene funcionam na maioria dos sítios" (White, 2002, pág. 5).

Além disso, Ida Liz Chacon, diretora de marketing sénior do centro de especialização étnica da P&G, defende que a Pampers é uma marca global, uma vez que apela a todos os países. "Um bebé é um bebé e uma mãe é uma mãe" (Precourt, 2011a, p.6). As necessidades dos consumidores, neste caso particular, são universais e bastante semelhantes. Assim, a Pampers está a tentar criar o seu negócio a nível global e adaptar as comunicações de marketing a cada mercado específico (Precourt, 2011a).

Objetivo 1: De acordo com o acima exposto, a P&G aplica uma estratégia de publicidade normalizada a fim de beneficiar das suas vantagens e aumentar o seu lucro e imagem global. No entanto, é muito cuidadosa nesta aplicação, uma vez que coloca os consumidores no centro de todo um processo em que tem de satisfazer as suas necessidades pessoais. Neste caso, de acordo com os diretores gerais da P&G, a empresa normaliza as suas campanhas publicitárias, mas, ao mesmo tempo, localiza alguns dos seus elementos de acordo com o mercado-alvo. Embora uma campanha publicitária possa ser normalizada em todos os países, a sua execução é efectuada localmente. Esta é a solução perfeita para a empresa e para qualquer empresa, uma vez que, com base na análise da literatura, o método mais eficaz e rentável para uma empresa é a combinação da normalização e da adaptação dos seus esquemas publicitários.

4.5. CAMPANHA PUBLICITÁRIA DA P&G "THANK YOU MUM" (OBRIGADA, MÃE)

A P&G, um parceiro olímpico a nível mundial, anunciou planos antes dos Jogos Olímpicos para angariar cerca de 25 milhões de dólares para ajudar a dizer "Obrigado, mãe", de modo a ajudar a criar e apoiar programas desportivos para jovens em todo o mundo, como parte da parceria de 10 anos com o Comité Olímpico Internacional (COI) (P&G, 2012).

A P&G lançou a sua primeira campanha publicitária global "Obrigado mãe" com o slogan "O trabalho mais difícil é o melhor trabalho" durante o período dos Jogos Olímpicos de 2012 em Londres. Este anúncio foi criado com o objetivo de reconhecer, celebrar e agradecer às mães de todo o mundo os seus grandes esforços para criar os seus filhos. Independentemente de serem as mães dos atletas que participam nos Jogos Olímpicos ou as mães de pessoas comuns, a mensagem do anúncio é agradecer a todas as mães de todo o mundo pela sua dedicação constante em ajudar os seus filhos a alcançar os seus objectivos e sonhos (P&G, 2012).

O apelo global desta campanha publicitária é também reconhecido pela utilização de pessoas comuns, uma de cada continente, num esforço para representar todas as partes do mundo. Para além disso, o slogan é gerado porque tem a ver com um sentimento muito sensível e ao mesmo tempo emocional: o sentimento de maternidade, que é mais ou menos o mesmo em todo o mundo.

Este anúncio específico da P&G - "Thank you mum" - teve um apelo global junto de consumidores de todo o mundo, que se sentiram tocados e sensibilizados pela mensagem que pretendia transmitir. Trata-se de um anúncio claramente emocional, uma vez que se refere ao sentimento de ser mãe e ao apoio que as mães dão aos seus filhos todos os dias. É por isso que o slogan é uma tentativa de agradecer a todas as mães de todo o mundo pela sua contribuição para os esforços e realizações dos seus filhos. Este slogan é normalizado, uma vez que se mantém inalterado nos diferentes segmentos de mercado e apela à maioria dos consumidores em todo o mundo. Em vários sítios Web e fóruns em linha, os consumidores sentiram a necessidade de exprimir este sentimento e de se ligarem entre si com o mesmo objetivo. No Facebook, por exemplo, havia vários grupos concebidos para este fim específico, a fim de motivar os utilizadores a expressarem os seus sentimentos pelas suas mães: "Junta-te aos milhares que disseram 'Obrigado, mãe'".

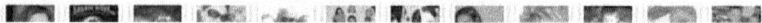

Figura 1: Grupo da P&G no Facebook

Trata-se de uma atividade de marketing eficaz, uma vez que as pessoas abrangidas por este incidente podem fazer automaticamente parte do grupo da empresa, "gostando", "partilhando" ou mesmo "comentando" o incidente. Os sentimentos dos consumidores relativamente a esta campanha publicitária foram investigados através de um questionário em linha. Na imagem abaixo, é interessante ver esses sentimentos reflectidos.

Figura 2: Associações emocionais com a campanha televisiva da P&G

5. ANÁLISE DOS RESULTADOS DA INVESTIGAÇÃO QUANTITATIVA

No capítulo seguinte, será apresentada a análise dos dados da investigação primária. Os resultados estatísticos foram obtidos com recurso ao programa estatístico SPSS. O capítulo está dividido em duas secções: a descrição da amostra e a análise dos objectivos. A descrição da amostra é a apresentação analítica e a discussão da secção demográfica do questionário. A parte principal do questionário é a análise dos objectivos apresentados na introdução com a ajuda do SPSS.

5.1. DESCRIÇÃO DA AMOSTRA

O número inicial de inquiridos no questionário era de N= 192. No entanto, após a limpeza dos dados, verificou-se que 12 dos inquiridos tinham preenchido apenas a primeira página do questionário e 7 não o tinham preenchido de todo. Assim, foram consideradas como respostas inválidas e não foram tidas em conta. Assim, o número final de respostas válidas foi de N=173. Como se apresenta a seguir, houve um enviesamento de género, uma vez que as mulheres eram ligeiramente mais numerosas do que os homens. Além disso, o número de inquiridos de cada país não era o mesmo e este é um fator que não pode ser controlado nos questionários em linha (Collis & Hussey, 2003). No entanto, o número de inquiridos de cada país é suficiente para reflectir as diferenças entre os três países, uma vez que as diferenças não são significativas.

Género

O número total de homens que responderam ao questionário foi de 81 (46,8%) e o de mulheres foi de 92 (53,2).

País

O número de inquiridos que preencheram o questionário de cada país é apresentado a seguir. Como mostra o quadro 1, 57 pessoas são da Grécia (32,9%), 68 do Reino Unido (39,3%) e 48 dos EUA (27,7%). Trata-se de uma taxa de resposta bastante equilibrada para cada país, que proporcionará uma visão significativa das diferenças interculturais no contexto da normalização e adaptação da publicidade.

Países	Frequência	Percentagem
Grécia	57	32.9%
REINO UNIDO	68	39.3%

EUA	48	27.7%

Quadro 1: Descrição do país

Idade

A idade dos inquiridos foi classificada de acordo com a sua data de nascimento em grupos de 24 anos ou menos, 25-34, 35-44, 45-54 e 55 anos ou mais. A pessoa mais velha que preencheu o questionário nasceu em 1939, enquanto a mais nova nasceu em 1994. O ano médio de nascimento dos inquiridos foi 1986. As percentagens de cada categoria estão descritas no quadro seguinte.

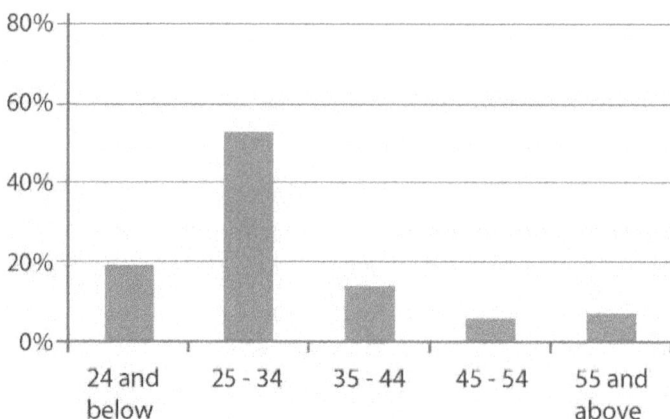

Figura 3: Grupos etários da amostra do inquérito

Educação

Foi também pedido aos inquiridos que indicassem o nível de ensino concluído até à data. Apenas 2 pessoas tinham menos do que o ensino secundário (1,2%), 29 tinham concluído o ensino secundário (16,8%), 66 tinham obtido uma licenciatura (38,2), 54 um mestrado (31,2%), 18 tinham um doutoramento (10,4%) e 4 tinham concluído uma formação profissional (2,3%). As habilitações literárias estão igualmente bem reflectidas, uma vez que o maior grupo que obteve o grau de licenciatura é seguido pelo de mestrado.

Educação	Percentagem
Menos do que o ensino secundário	1.2%
Conclusão do ensino secundário	16.8%
Bacharelato	38.2%
Mestrado	31.2%

32

Doutoramento	10.4%
Formação profissional	2.3%

Emprego

A situação profissional está igualmente bem reflectida, uma vez que o maior dos grupos etários se situa entre os 25 e os 34 anos e os inquiridos empregados a tempo inteiro constituem também o maior grupo. A situação profissional dos inquiridos dividia-se entre empregados a tempo parcial (9,8%), desempregados (7,5%), estudantes (23,1%), reformados (4%), empregados a tempo inteiro (44,5%) e trabalhadores por conta própria (11%).

Estado civil e filhos

O estado civil de cada um dos inquiridos foi dividido em 5 categorias. 57 pessoas eram solteiras (32,9%), estavam numa relação de compromisso 43 (24,9%), casadas 54 (31,2%), casadas sem filhos a viver em casa 14 (8,1%) e divorciadas5 (2,9%). Estas percentagens são de igual importância, uma vez que reflectem o modo de vida dos inquiridos e a forma como encaram e podem ser influenciadas por anúncios normalizados e/ou adaptados

Além disso, foi pedido aos inquiridos que respondessem à pergunta se tinham ou não filhos. O número de pessoas que têm filhos foi de 53 (30,6%), enquanto o número de pessoas que não têm filhos foi de 120 (69,4%).

5.2. ANÁLISE DOS OBJECTIVOS

Nesta secção, os objectivos apresentados na parte introdutória serão discutidos e examinados analiticamente de acordo com os resultados da investigação.

Objetivo 2a: Este objetivo consistia em medir as crenças e atitudes dos consumidores relativamente às campanhas publicitárias normalizadas nos diferentes países. O método utilizado no SPSS foi o teste ANOVA one-way, que é normalmente utilizado para mais de 2 grupos (Malhotra & Birks, 2007). O teste ANOVA da campanha da P&G "Obrigado, mamã" não revelou diferenças significativas entre os três países. A tabela do teste pode ser encontrada no Anexo D. Entretanto, foi efectuado outro teste ANOVA para medir as crenças e atitudes gerais dos consumidores relativamente à publicidade padronizada. Como o teste ANOVA unidirecional mostra apenas que existe uma diferença, era essencial, neste caso, ver essa diferença real entre os países. Assim, foi efectuada uma análise post-hoc de Tukey. Os resultados mostraram que existem discrepâncias significativas entre a Grécia e os outros dois países, Reino Unido e EUA, no que respeita às suas atitudes e crenças sobre a publicidade padronizada. Ao comparar a Grécia com o Reino Unido, a diferença média foi de (-0,360), o que mostra que o Reino Unido tem uma média mais elevada do que a Grécia e, deste modo, o Reino Unido tem atitudes mais positivas em relação à publicidade normalizada do que a Grécia. A significância entre estes dois países foi de 0,048. Da mesma forma, a diferença média entre a Grécia e os EUA foi de -0,626, o que mostra, mais uma vez, que os consumidores dos EUA têm uma atitude mais positiva em relação à publicidade normalizada e a significância encontrada aqui foi de 0,001. No entanto, quando o Reino Unido foi comparado com os EUA, não se registou qualquer diferença significativa entre estes dois países (0,218). É importante notar aqui que, para haver uma diferença significativa, a significância tem de ser inferior a 0,05 (Malhotra & Birks, 2007). Estes resultados mostram que, no que respeita à campanha "Obrigado, mãe", não existe significância entre os três países, mas existe significância entre a Grécia e os outros dois países no que respeita à publicidade normalizada em geral.

Objetivo 2b: Da mesma forma, este objetivo será analisado relativamente às crenças e atitudes dos consumidores em relação à publicidade adaptada. Os resultados confirmam o objetivo anterior, uma vez que existe significância (0,000) entre a Grécia e os outros dois países (Reino Unido e EUA) e a diferença média foi de (0,682) e (1,037), respetivamente. O facto de a diferença média ser positiva mostra que a Grécia tem uma atitude mais positiva em relação à publicidade adaptada do que o Reino Unido ou os EUA. No entanto, quando o Reino Unido foi comparado com os EUA, não foi encontrada qualquer significância (0,101). Além disso, foi efectuada uma tabulação cruzada com um teste de qui-quadrado para medir as preferências e atitudes dos inquiridos relativamente à publicidade impressa adaptada. De acordo com Malhotra & Birks (2007, pg. 516), "a tabulação cruzada é uma técnica estatística que descreve duas ou mais variáveis ao mesmo tempo com um número limitado de categorias ou valores distintos". Para medir a significância das variáveis, foi utilizado o teste do Qui-quadrado. Os resultados mostraram que havia significância nas preferências dos anúncios impressos. É de salientar que os consumidores gregos preferiram mais a campanha dos EUA e consideraram-na mais influente, enquanto os consumidores britânicos preferiram os anúncios impressos do Reino Unido e os norte-americanos os dos EUA. De um modo geral, os consumidores gregos demonstram uma atitude mais favorável em relação à publicidade adaptada, como se verificou anteriormente, mas neste anúncio impresso específico da Pantene mostraram uma preferência pelo anúncio dos EUA, o que mostra que outros factores podem ter afetado esta preferência. As tabelas analíticas dos testes de tabulação cruzada e de qui-quadrado podem ser consultadas no Anexo A.

Objetivo 3: Este objetivo deve medir a forma como as crenças dos consumidores sobre a campanha publicitária normalizada da P&G afectam a sua avaliação do grau de normalização dos seus componentes. Neste caso, é essencial utilizar a análise de correlação no SPSS. O teste de correlação pode ser efectuado quando existem apenas variáveis contínuas (ordinais ou de escala), uma independente e outra dependente. Neste caso, as variáveis utilizadas eram todas escalares, pelo que a aplicação da análise de correlação foi viável. Para que haja significância, o coeficiente de correlação de Pearson tem de ser inferior a 0,05. Em qualquer outro caso, não há significância entre as variáveis. O coeficiente de correlação é um número de índice, que varia entre -1 e +1. Comunica a força e a direção da relação linear entre as duas variáveis contínuas (Malhotra & Birks, 2007). Os resultados mostraram que existe significância entre algumas crenças do anúncio e alguns componentes do mesmo. Na tabela abaixo, é fácil ver as diferentes crenças do anúncio correlacionadas com os componentes do anúncio que podem ser padronizados. Para cada relação entre duas variáveis, são apresentados o coeficiente de correlação e a significância. Os números de significância com cor vermelha mostram que existe uma diferença significativa entre as duas variáveis de cada vez. Todas as outras relações não são significativas. Além disso, os coeficientes de correlação, que estão a negrito, mostram que existe uma forte relação entre as duas variáveis. De acordo com Burns & Bush (2007), os coeficientes que são +/- 0,61 a 0,8 são fortes, superiores a +/- 0,8 são muito fortes e +/- 1 é perfeito. Todos os outros números são fracos ou não são fortes de todo. Neste caso, existem duas relações muito fortes. Em primeiro lugar, a imagem internacional positiva da empresa está intimamente ligada à aplicabilidade do conceito e, em segundo lugar, a harmonização das diferenças culturais e a aplicabilidade do slogan. Estas relações fortes fazem sentido, uma vez que uma parte de cada uma está intimamente ligada à outra e estão inter-relacionadas.

Objetivo 4: Este objetivo deve medir em que medida as atitudes gerais dos consumidores afectam a sua perceção da campanha publicitária normalizada da P&G "Obrigado, mãe". Para medir este objetivo, é essencial correlacionar as atitudes gerais dos consumidores em relação à publicidade normalizada e a perceção que têm em relação ao anúncio da P&G. Foi realizado um teste de correlação para se poderem verificar as correlações entre estes dois factores. A tabela está disponível no Apêndice B. Os resultados mostraram que existe significância entre a atitude positiva em relação à

	Aplicabilidade global			
Slogan	**Conceito**	**Texto**	**Cenas**	**Pessoas**

Internacional	Pearson	.053	.89	-.002	.212**	.158
Imagem	Sig.	.489	.243	.977	.005	.038
Reconhecimento	Pearson	.196**	.224**	.278**	.238**	.318**
	Sig.	.010	.003	.000	.002	.000
Culturais	Pearson	.084	.183	.205**	.179	.248**
Harmonização	Sig.	.274	.016	.007	.018	.001
Recurso	Pearson	.345**	.355**	.174	.204**	.421**
	Sig.	.000	.000	.022	.007	.000
Pessoal	Pearson	.227**	.247**	.184	.161	.343**
Reflexão	Sig.	.003	.001	.015	.034	.000

Quadro 3: Matriz de correlação entre a aplicabilidade global e as crenças **. A correlação é significativa ao nível de 0,01

publicidade estandardizada e a) a imagem internacional da empresa (correlação de Pearson 0,388), b) a publicidade inalterada em todos os países (correlação de Pearson 0,470), c) o apelo que esta publicidade tem sobre os consumidores (correlação de P. 0,219) e d) o reflexo dos consumidores a partir das pessoas utilizadas no anúncio (correlação de P. 0,201). De acordo com Burns & Bush (2007), a primeira relação examinada acima, que tem um coeficiente de 0,388, é supostamente fraca. Da mesma forma, a segunda correlação, que tem um coeficiente de 0,470, é considerada moderada. A terceira é fraca e a quarta é muito fraca. Estes resultados mostram que não existe uma relação e uma ligação importantes entre as atitudes positivas dos consumidores em relação à normalização e as partes integrantes da campanha publicitária da P&G "Obrigado, mamã".

Objetivo 5: De acordo com este objetivo, é essencial correlacionar a medida em que os consumidores consideram bem sucedidos os elementos da campanha publicitária da P&G e a forma como isso afecta a medida em que acreditam que podem ser normalizados. Foi efectuada uma análise de correlação da mesma forma que a anterior. Os resultados mostraram que muitos elementos do anúncio são significativamente importantes para o facto de os consumidores os considerarem bem sucedidos. Neste caso, existe apenas uma relação muito forte entre o êxito das actividades promocionais da empresa e a aplicabilidade das suas imagens/cenas. A tabela analítica com todas as correlações, significativas e não significativas, pode ser encontrada no Anexo C.

Objetivo 6: Este objetivo tenta encontrar a ligação entre a medida em que os consumidores consideram bem sucedida a utilização de pessoas no anúncio e a forma como isso pode afetar a maneira como se vêem reflectidos no mesmo. Neste caso, será novamente utilizada a análise de correlação. Os resultados mostraram que estas duas variáveis estão significativamente correlacionadas (0,00). O coeficiente de correlação é de 0,382, o que significa que, de acordo com (Burns & Bush, 2007), esta relação é fraca.

6. DISCUSSÃO

Nesta secção, os resultados do estudo de caso, bem como a análise do questionário, serão discutidos e relacionados com a revisão da literatura.

As conclusões do estudo de caso da P&G mostraram que a empresa utiliza uma campanha publicitária normalizada para beneficiar das economias de escala e aumentar os seus lucros. É também uma forma eficaz de manter a sua imagem de marca reconhecível e memorável na mente dos consumidores. Além disso, a empresa melhora desta forma o planeamento e o controlo das suas actividades e tem um desempenho mais eficaz. De acordo com a literatura, estas são as principais vantagens da implementação de práticas de publicidade normalizadas para uma empresa, especialmente uma grande empresa como a P&G, e podem dar-lhe uma vantagem competitiva sobre as outras. À medida que a concorrência se torna cada vez mais intensa, só as empresas que forem produtivas e rentáveis poderão sobreviver, desenvolver-se e ter êxito. No entanto, a P&G não se limita a aplicar esquemas de normalização, mas tenta também adaptá-los a cada cultura específica. De acordo com os diretores-gerais da empresa, a P&G aplica uma publicidade normalizada, mas tem sempre em mente a necessidade de localizar as partes do anúncio de modo a satisfazer as exigências e os padrões do mercado-alvo específico.

Além disso, a análise do questionário mostrou que existem diferenças culturais entre os países em termos das suas atitudes e crenças relativamente à publicidade normalizada e adaptada. Neste estudo específico, foram examinados três países, Reino Unido, EUA e Grécia, numa tentativa de refletir essas diferenças. Os resultados confirmaram as diferenças culturais nos diferentes segmentos de mercado. Verificou-se que a Grécia era culturalmente diferente nas preferências, atitudes e crenças gerais dos consumidores, em contraste com o Reino Unido e os EUA, que eram culturalmente mais semelhantes. De acordo com os resultados do inquérito, os consumidores gregos têm uma atitude mais favorável em relação à publicidade adaptada, enquanto os consumidores do Reino Unido e dos EUA preferem mais a publicidade normalizada. Com base na revisão da literatura, a comunicação da mesma mensagem em diferentes culturas causa muitas dificuldades, de acordo com Hackley (2010). Como os valores culturais são supostamente uma parte integrante da personalidade dos consumidores (De Mooij & Hofstede, 2010), as empresas devem ter "consciência cultural" quando implementam estratégias de publicidade internacional (Unwin, 1974). De acordo com Tian & Borges, (2011), os factores culturais são os obstáculos imperceptíveis na aplicação de esquemas de marketing e publicidade entre os países.

A P&G parece ter tido seriamente em conta estas diferenças culturais, uma vez que os resultados relativos à campanha publicitária normalizada "Obrigado, mamã" revelaram que a maioria dos consumidores dos três países manifestou uma atitude favorável em relação à mesma e considerou-a interessante e influente. Isto mostra que, embora possam existir diferenças culturais entre os diferentes países, a empresa tentou minimizá-las utilizando um slogan e um conceito normalizados e pessoas de todo o mundo, de modo a apelar a muitos mercados-alvo, apesar das suas diferenças culturais.

Além disso, de acordo com o objetivo 3, as crenças e atitudes dos consumidores relativamente à imagem geral da P&G afectam a sua avaliação da normalização do seu conceito de publicidade. Isto significa que a imagem que uma empresa cria afecta os seus esquemas publicitários. A harmonização das diferenças culturais na campanha publicitária "Obrigado, mamã" está intimamente ligada ao seu slogan (ser mãe é o trabalho mais difícil, mas o melhor do mundo), o que é importante, uma vez que a utilização deste slogan geral foi muito atractiva para os consumidores de diferentes segmentos de mercado. Este é um passo importante que a P&G deu ao ultrapassar alguns obstáculos de diferenças culturais entre países na implementação das suas políticas.

De acordo com o objetivo 5, existe uma estreita ligação entre o êxito da promoção dos produtos da P&G e a normalização das imagens/cenas do anúncio. Isto é lógico, porque é importante que uma campanha publicitária normalizada tenha imagens/cenas normalizadas, que agradem a muitos mercados-alvo, de modo a ser bem sucedida na promoção dos seus produtos. Por último, mas não menos importante, com base no objetivo 6, não existe uma relação especial entre o sucesso das pessoas comuns no anúncio e a capacidade de os consumidores se verem reflectidos no mesmo. Isto significa que, embora os consumidores tenham respondido positivamente que consideram bem sucedida a utilização de pessoas comuns no anúncio, não se viram necessariamente reflectidos nele.

Os resultados relativos à campanha publicitária e aos anúncios impressos não podem ser generalizados, uma vez que são apenas exemplos específicos de uma determinada empresa. Isto também é confirmado pelo facto de as atitudes e crenças gerais dos consumidores em diferentes países poderem ser diferentes, mas no que diz respeito ao anúncio específico da P&G, as suas atitudes e percepções são muito semelhantes e convergentes.

7. CONCLUSÕES

O objetivo desta investigação era compreender melhor a normalização/adaptação da publicidade internacional das empresas multinacionais. Por esta razão, a Procter & Gamble foi escolhida como um exemplo ilustrativo e foi examinada extensivamente como um estudo de caso. Esta dissertação apresentou inicialmente a extensa teoria da normalização e adaptação, que foi discutida analiticamente em termos das suas vantagens e desvantagens para intenções de aplicabilidade, tendo sido encontradas algumas lacunas de conhecimento. Apesar do longo debate entre académicos e profissionais, não existe uma definição clara de normalização e dos factores exactos que a afectam, uma vez que cada autor apresenta a sua própria perspetiva. O grau de normalização da publicidade não pode ser medido com exatidão, embora esta investigação tenha tentado identificar e avaliar esse grau na perspetiva das empresas e dos consumidores. A principal questão de investigação foi dividida em 6 objectivos, de modo a facilitar à investigadora a procura de respostas para a sua investigação.

Do ponto de vista da empresa, o grau em que deve aplicar a publicidade normalizada não pode ser fixado e depende da empresa e dos seus mercados-alvo. A melhor solução para que uma empresa seja bem sucedida e rentável é combinar esquemas normalizados e adaptativos. Segundo alguns autores, ambos estão inter-relacionados e não podem existir separadamente. Desta forma, a empresa beneficia das suas economias de escala, da sua imagem de marca e do bom controlo e planeamento das suas actividades a partir da normalização e, ao mesmo tempo, adapta as suas campanhas publicitárias às culturas locais, de modo a satisfazer as expectativas dos consumidores. A P&G está a aplicar este procedimento e conseguiu até agora ser uma empresa líder no sector dos bens de consumo. Aplica uma publicidade normalizada nos diferentes países, mas localiza alguns dos seus elementos de modo a estar de acordo com as necessidades e exigências do mercado-alvo.

Do ponto de vista do consumidor, foi concebido e enviado um questionário em linha a consumidores de três países diferentes: Reino Unido, EUA e Grécia. Foi pedido a uma amostra de 173 respondentes que indicassem as suas preferências e atitudes em relação a um conjunto de anúncios normalizados e adaptados. Os resultados mostraram que existem diferenças culturais nas crenças e atitudes dos consumidores entre a Grécia e os outros dois países. Os consumidores gregos mostraram uma atitude mais favorável em relação à publicidade adaptada, enquanto os consumidores do Reino Unido e dos EUA preferiram mais a publicidade normalizada. No entanto, no anúncio específico da P&G "Thank you mum", a maioria dos consumidores mostrou uma atitude positiva em relação ao mesmo. Além disso, as crenças dos consumidores relativamente a este anúncio normalizado afectam a sua avaliação da forma como os seus elementos podem ser normalizados. Em especial, a imagem da empresa estava intimamente ligada à normalização do conceito do anúncio e à harmonização das diferenças culturais com o slogan do anúncio. Além disso, como foi mencionado anteriormente, as atitudes gerais dos consumidores em relação à normalização da publicidade não afectam significativamente a sua perceção deste anúncio em particular. Outra conclusão do estudo foi que, como os consumidores consideraram algumas partes do anúncio bem sucedidas, por exemplo as suas actividades promocionais, consideraram que estas poderiam ser facilmente normalizadas em todos os países. Por último, apesar de o estudo ter agradado à maioria dos consumidores, não existe uma relação estreita com o facto de refletir a sua personalidade.

8. LIMITAÇÕES DA INVESTIGAÇÃO

Como qualquer estudo, este não está isento de limitações. A investigação foi realizada apenas numa amostra de população de três países, pelo que não pode ser generalizada. A amostra total foi de 173 pessoas, o que é um número suficiente para obter uma pequena amostra de três culturas, mas não é satisfatório para generalizar os resultados para toda a população. Além disso, os resultados deste inquérito só são válidos para os anúncios específicos aqui utilizados. Apesar de a escolha dos anúncios ter sido tão exacta quanto possível, de modo a ajudar os consumidores a distinguir a diferença entre publicidade normalizada e adaptada, estes podem não ser completamente representativos.

9. DIRECÇÕES PARA INVESTIGAÇÃO FUTURA E IMPLICAÇÕES DE GESTÃO

No que respeita à investigação futura, alguns estudos empíricos adicionais poderiam apoiar estas conclusões. Assim, poderia ser examinada uma amostra maior da população de cada país, de modo a ser mais representativa. Além disso, a inclusão de outros países no processo de investigação, por exemplo, a China ou outros países asiáticos, tornaria a investigação mais interessante. A escolha dos anúncios pode não refletir muito bem os objectivos deste estudo. Assim, devem ser efectuados mais estudos com outro conjunto de anúncios para confirmar ou argumentar estes resultados. Apesar das limitações e de alguns problemas desta investigação, ela permite compreender e "olhar através dos olhos da empresa e do consumidor", a fim de medir e avaliar o grau de normalização da publicidade.

Numa perspetiva de gestão, os resultados desta investigação são importantes para melhorar as suas estratégias de publicidade e tornarem-se mais competitivas. Em primeiro lugar, os gestores das empresas multinacionais podem encarar a normalização da publicidade do ponto de vista do consumidor. É essencial para um comerciante internacional saber quais as partes da publicidade que devem ser normalizadas e quais as que devem ser adaptadas à cultura local. Esta investigação fornece algumas diretrizes para a análise dos elementos constituintes de um anúncio. Dá provas de quais as partes do anúncio que mais contribuem para as percepções de normalização. No entanto, estas conclusões baseiam-se nestes anúncios específicos e não podem ser generalizadas. Um profissional que queira medir o grau de estandardização da sua campanha publicitária deve fazer um inquérito com base nos consumidores-alvo e nas suas percepções, para poder medir esse grau.

REFERÊNCIAS

Agrawal, M, (1995) "Review of a 40-year debate in international advertising: practitioner and academician perspectives to the standardisation/adaptation issue", International Marketing Review, Vol. 12 Iss: 1, pp.26 - 48.

Alimiené, M, & Kuvykaité, R (2008), 'Standardisation/Adaptation of Marketing Solutions in Companies Operating in Foreign Markets: An Integrated Approach", Engineering Economics, 56, 1, pp. 37-47.

Baalbaki, B & Malhotra, K (1993), 'Standardisation versus customization in international marketing: an investigation using bridging conjoint analysis', Journal of the Academy of Marketing Science, 23, 3, pp. 182-194.

Backhaus, K, & Van Doorn, J 2007, "Consumer Perceptions of Advertising Standardisation: A CrossCountry Study of Different Advertising Categories", International Management Review, 3, 4, pp. 37-49.

Backhaus, K, Mühlfeld, K, & Van Doorn, J (2001), 'Consumer Perspectives on Standardisation in International Advertising: A Student Sample", Journal of Advertising Research, 41, 5, pp. 53-61.

Boddewyn, J, Soehl, R & Picard, J, (1986), 'Standardisation in International Marketing: Is Ted Levitt in fact right? Harvard Business Review, pp. 69-75.

Britt, H, (1974), 'Standardizing marketing for the international market', Columbia Journal of World Business, 9, pp.39-45.

Burns, A.C. & Bush, R.F. (2007) Marketing Research: Aplicação de pesquisa online. 4th edn. China: Pearson Education North Asia.

Buzzell, RD (1968), "Can you standardize multinational marketing?", Harvard Business Review, 46, 6, pp. 102-113.

Cavusgil, S, & Cavusgil, E (2012), 'Reflections on international marketing: destructive regeneration and multinational firms', Journal of The Academy of Marketing Science, 40, 2, pp. 202-217.

Cavusgil, S, Deligonul, S, & Yaprak, A (2005), 'International Marketing as a Field of Study: A Critical Assessment of Earlier Development and a Look Forward", Journal Of International Marketing, 13, 4, pp. 1-27.

Collis, J. & Hussey, R. (2003) Business Research: A practical guide for undergraduate and postgraduate students. 2nd edn. Hampshire: Palgrave Macmillan.

Cui, G, Yang, X, Wang, H, & Liu, H (2012), 'Culturally incongruent messages in international advertising', International Journal of Advertising, 31, 2, pp. 355-376.

Cutler, B, Javalgi, R, & Erramsilli, M (1992), 'The Visual Components of Print Advertising: A Five- country Cross-cultural Analysis", European Journal Of Marketing, 26, 4, pp. 7.

Datamonitor, (2011), 'The Procter & Gamble Company, Procter & Gamble SWOT Analysis', Disponível em: http://search.ebscohost.com/login.aspx?direct=true&db=bth &AN=61332482&site=ehost-live (Acedido em: 15 de agosto de 2012).

Datamonitor, (2010), 'Company Spotlight: Procter & Gamble', Disponível em: http://search.ebscohost. com/login.aspx?direct=true&db=bth&AN=48594605&site=ehost-live (Acedido em: 15 de agosto de 2012)

Dawson, C, (2002), Practical Research Methods: A user friendly guide to mastering research techniques and projects. Reino Unido: How to Books Ltd.

De Mooij, M, & Hofstede, G (2010), "The Hofstede model", International Journal Of Advertising, 29, 1, pp. 85-110.

De Mooij, M.K, (1998), Global Marketing and Advertising: Understanding Cultural Paradoxes, Califórnia: Sage Publications.

Deleersnyder, B, Dekimpe, M, Steenkamp, J, & Leeflang, P (2009), 'The Role of National Culture in Advertising's Sensitivity to Business Cycles: An Investigation across Continents", Journal of Marketing Research (JMR), 46, 5, pp. 623-636.

Douglas, S, & Wind, Y (1987), 'The Myth of Globalization', Columbia Journal Of World Business, 22, 4, p. 19.

Duncan, T, & Ramaprasad, J (1995), 'Standardised Multinational Advertising: The Influencing Factors", Journal of Advertising, 24, 3, pp. 55-68.

Farasyn, I, Humair, S, Kahn, J, Neale, J, Rosen, O, Ruark, J, Tarlton, W, Van De Velde, W, Wegryn, G, & Willems, S (2011), 'Inventory Optimization at Procter & Gamble: Achieving Real Benefits Through User Adoption of Inventory Tools", Interfaces, 41, 1, pp. 66-78.

Green, T, Cunningham, H & Cunningham, C, (1975), 'The effectiveness of standardised global advertising', Journal of Advertising, 4, pp.25-30.

Gregory, G, & Munch, J (1997), 'Cultural Values in International Advertising: An Examination of Familial Norms and Roles in Mexico", Psychology & Marketing, 14, 2, pp. 99-119.

Hackley, C., (2010),'Advertising and Promotion: An Integrated Marketing Communications Approach", 2.ª edição, Sage Publications Ltd, Londres.

Harris, G (1994), "International Advertising Standardisation: What Do the Multinationals Actually Standardize?", Journal Of International Marketing, 2, 4, pp. 13-30.

Harris, G (1996), "International Advertising: Developmental and Implementational Issues", Journal of Marketing Management, 12, 6, pp. 551-560.

Harvey, MG (1993), "Point of View: A Model to Determine Standardisation of the Advertising Process in International Markets", Journal Of Advertising Research, 33, 4, pp. 57-64.

Hite, R, & Fraser, C (1990), 'Configuration and Coordination of Global Advertising', Journal of Business Research, 21, 4, pp. 335-344.

Hooper, B, Yenzer, T, Yosten, N & Bradford, D, (2007), "Procter & Gamble: Equity Valuation & Analysis", pp. 1-141.

Jain, C, (1989), "Standardisation of international marketing strategy: some hypotheses", Journal of Marketing, 53, 1, pp. 70-79.

James, L, & Hill, S, (1991), 'International advertising messages: to adapt or not to adapt', Journal of Advertising Research, 31, 3, pp. 65-71.

Kanso, A, (1992), 'International Advertising Strategies: Global Commitment to Local Vision", Journal of Advertising Research, pp. 10-14.

Katsikeas, C, Samiee, S, & Theodosiou, M (2006), 'Strategy fit and performance consequences of international marketing standardisation', Strategic Management Journal, 27, 9, pp. 867-890.

Kotabe, M., & Helsen, K. (2004), Global Marketing Management, 3ª edição, Danvers, MA: John Wiley & Sons.

Kothari, C.R., (2005), Research Methodology Methods and Techniques.2nd Edition. Nova Deli: New Age International Publishers Ltd.

Kotler, P, (1986), 'Global Standardisation-Courting Danger', The Journal of Consumer Marketing, 3, 2 pp. 13-15.

Kumar, R, (2011), Research Methodology-A step-by-step guide for beginners. 3ª edição, Singapura: Sage Publications.

Levitt, T (1984), "The globalization of markets", McKinsey Quarterly, 3, pp. 2-20.

Malhotra, N.K. & Birks, D.F. (2007) Marketing Research: An Applied Approach. 3rd edn. Essex: Prentice Hall.

Medina, J, & Duffy, M (1998), 'Standardisation vs globalisation: a new perspective of brand strategies', Journal of Product & Brand Management, 7, 3, pp. 223-243.

Melewar, T, & Vemmervik, C (2004), 'International advertising strategy: A review, reassessment and recommendation", Management Decision, 42, 7, pp. 863-881.

Nikolaos Papavassiliou, Vlasis Stathakopoulos, (1997) "Standardisation versus adaptation of international advertising strategies: Towards a framework", European Journal of Marketing, 31, 7, pp.504 - 527.

Onkvisit, S, & Shaw, J (1987), 'Standardised International Advertising: A Review and Critical Evaluation of the Theoretical and Empirical Evidence", Columbia Journal of World Business, 22, 3, pp.43-55.

Onkvisit, S, & Shaw, J (1999), 'Standardised International Advertising: Some Research Issues and Implications", Journal of Advertising Research, 39, 6, pp. 19-24.

P&G, (2011), "Commitment to Everyday Life", Visão Geral da Sustentabilidade, pp. 1-28.

Pae, J, Samiee, S & Tai, S, (2002), 'Global Advertising Strategy: The moderating role of brand familiarity and execution style", International Marketing Review, 19, 2 pp.176-189.

Porter, M., (1986), Competition in global industries, Harvard Business School Press, Boston.

Precourt, G, (2011a), "Procter & Gamble's New Approach to Market Research", Event Reports, pp.2-4.

Precourt, G, (2011b), 'Putting theory into practice: Procter & Gamble's multicultural initiatives", Relatórios de Eventos, ANA Multicultural, pp.2-8.

Procter & Gamble Official Website (2012), Disponível em: http://www.pg.com (Acedido em: 10 de agosto de 2012).

Richen, A, & Steinhorst A (2005), 'Standardisation or Harmonization? You need both", pp. 1-5.

Ruzevicius, J, & Ruzeviciùté, R (2011), "Standardisation and adaptation in international advertising: The concept and case study of cultural and regulatory peculiarities in Lithuania", Current Issues of Business & Law, 6, 2, pp. 286-301.

Ryans Jr, David A. Griffith, D. Steven White, (2003), "Standardisation/adaptation of international marketing strategy: Necessary conditions for the advancement of knowledge", International Marketing Review, 20, 6, pp. 588-603.

Ryans Jr., J, & Donnelly Jr., J (1969), 'Standardised Global Advertising, a Call As Yet Unanswered', Journal Of Marketing, 33, 2, pp. 57-60.

Saunders, M., Lewis, P. & Thornhill, A. (2007) Research Methods for Business Students. 4ª ed.. Harlow: Pearson Education Ltd.

Schilke, O, Reimann, M, & Thomas, J (2009), "When Does International Marketing Standardisation Matter to Firm Performance?", Journal Of International Marketing, 17, 4, pp. 24-46.

Sekaran, U, 2003, 'Research Methods for Business', 4ª edição, John Wiley & sons Inc., Nova Iorque. Nova Iorque.

Shaoming Zou, David M. Andrus, D. Wayne Norvell, (1997), "Standardisation of international marketing strategy by firms from a developing country", International Marketing Review, 14, 2, pp.107 - 123.

Sharon O'Donnell, Insik Jeong, (2000) "Marketing standardisation within global industries: An
empirical study of performance implications", International Marketing Review, 17, 1, pp.19 - 33,

Shoham, A (1995), "Global Marketing Standardisation", Journal of Global Marketing, 9, 1/2, pp. 91.

Solberg, C (2002), 'The Perennial Issue of Adaptation or Standardisation of International Marketing Communication: Organizational Contingencies and Performance", Journal Of International Marketing, 10, 3, pp. 1-21.

Stengel, J, (2004), 'A mission of Leadership; Time for change is now: The Procter & Gamble Company", Revista ANA pp.2-7.

T. J. Domzal e J. B. Kernan, (1993), "Mirror, Mirror: Some Postmodern Reflections on Global Advertising", Journal of Advertising 22.

Tai, S & Pae J, (2001), "Localize Or Standardize in Advertising? Chinese Consumers' Point of View", Association for Consumer Research, 4, pp.210-216.

Theodosiou, M, & Leonidou, L (2003), 'Standardisation versus adaptation of international marketing strategy: an integrative assessment of the empirical research', International Business Review, 12, 2, p. 141.

Tian, K, & Borges, L (2011), 'Cross-Cultural Issues in Marketing Communications: An Anthropological
Perspective of International Business", International Journal Of China Marketing, 2, 1, pp. 110-126.

Unwin, S, (1974), 'How culture affects advertising expressions and communications style', Journal of Advertising, 3, pp. 24-27.

Walters, P, (1986), 'International Marketing Policy: A Discussion of the Standardisation Construct and its Relevance for Corporate Policy", Journal of International Business Studies, 17, 2, pp. 55-69.

White, R, (2002), 'Listening to the Boss- P&G's perspective on how to win consumers', Admap, pp.2-8.

Whitelock, J, & Djamala, C, (1989), 'Cross-cultural Advertising: An Empirical Study", International Journal of Advertising, 8, 3, pp. 291-310.

Yankelovich, D & Meer, D, (2006), "Rediscovering Market Segmentation", Harvard Business Review, pp. 1-11.

Zikmund, W. G, (1994), "Business Research Methods", Harcourt Brace College, 4ª ed., Nova Iorque.

APÊNDICES

A. RESULTADOS DA SPSS - TABELA CRUZADA DAS PREFERÊNCIAS DE ANÚNCIOS IMPRESSOS E

PAÍSES

Tabulação cruzada: Anúncio impresso - Mais apreciado X País

		País de residência			Total
		Grécia	REINO UNIDO	EUA	
Anúncio impresso	Anúncio no Reino Unido	10	33	4	**47**
Preferência	Anúncio nos EUA	29	29	39	**97**
	Anúncio Grécia	18	6	5	**29**
Total		**57**	**68**	**48**	**173**

Nota: Valor do Qui-Quadrado de Pearson: 32,609 (df = 4; Sig. = .000)

Tabulação cruzada: Anúncio impresso - Refletir imagem X País

		País de residência			
			REINO		
		Grécia	UNIDO	EUA	**Total**
Anúncio impresso	Anúncio no Reino Unido	8	45	3	**56**
Refletir Imagem	Anúncio nos EUA	20	10	40	**70**
	Anúncio Grécia	29	13	5	**47**
Total		**57**	**68**	**48**	**173**

Nota: Valor do Qui-Quadrado de Pearson: 91,778 (df = 4; Sig. = .000)

Tabulação cruzada: Anúncio impresso - Menos interessante X País

País de residência

		Grécia	REINO UNIDO	EUA	Total
Anúncio	impresso Anúncio no Reino				
Menos	Unido	26	11	26	**63**
Interessante	Anúncio nos EUA	14	20	1	**35**
	Anúncio Grécia	17	37	21	**75**
Total		**57**	**68**	**48**	**173**

Nota: Valor do Qui-Quadrado de Pearson: 28,628 (df = 4; Sig. = .000)

Tabulação cruzada: Anúncio impresso - Mais influente X País

		País de residência			
		Grécia	REINO UNIDO	EUA	Total
Anúncio	impresso Anúncio no Reino				
A maioria	Unido	10	33	4	**47**
Influência	Anúncio nos EUA	29	29	39	**97**
	Anúncio Grécia	18	6	5	**29**
Total		**57**	**68**	**48**	**173**

Nota: Valor do Qui-Quadrado de Pearson: 38,694 (df = 4; Sig. = .000)

B. RESULTADOS SPSS - MATRIZ DE CORRELAÇÃO DE ATITUDES E CRENÇAS

		Normalização da atitude positiva	Atitude positiva Adaptação	Os anúncios normalizados são menos interessantes	Anúncios adaptados reflectem os valores do país
Imagem internacional	Pearson	.388**	-.079	-.253**	-.049
Facilmente reconhecido	Sig.	.000	.303	.001	.526
Os mesmos anúncios são facilmente	Pearson	.470**	-.233**	-.244**	-.099

50

Memorizado	Sig.	.000	.002	.001	.193
Reduzir a cultura	Pearson	.046	-.015	-.034	.025
Diferenças	Sig.	.552	.840	.654	.745
O anúncio agrada-me	Pearson	.219**	-.045	-.152	.076
	Sig.	.004	.555	.046	.317
Diferentes nacionalidades	Pearson	.201**	-.064	-.082	.107
refletir-me	Sig.	.008	.402	.283	.163

**A correlação é significativa ao nível de 0,01

C. RESULTADOS SPSS - MATRIZ DE CORRELAÇÃO DO SUCESSO DOS ANÚNCIOS TELEVISIVOS

E APLICABILIDADE GLOBAL

Aplicabilidade global de...		Sucesso dos anúncios televisivos de		
		Todos os dias Produto		**Slogan**
		Pessoas	**Promoção**	
	Pearson	.254**	.042	.522**
Slogan	Sig.	.001	.587	.000
	Pearson	.299**	.051	.308**
Conceito	Sig.	.000	.506	.000
	Pearson	.221**	.122	.269**
Texto/voz	Sig.	.003	.110	.000
	Pearson	.259**	.080	.194
Imagens/Cenas	Sig.	.001	.296	.011
	Pearson	.393**	.151	.333**
Pessoas participantes		.000	.048	.000

**A correlação é significativa ao nível de 0,01

D. RESULTADOS SPSS - TESTE POST HOC TUKEY: ATITUDE GERAL

E CHOUNTRIES

Variável dependente	(I) País	(J) País	Diferença média (I-J)	Sig.
	Grécia	REINO UNIDO	-.360	.048
Atitude em relação a		EUA	-.626	.001
normalizado	REINO UNIDO	Grécia	.360	.048
a publicidade é positiva		EUA	-.266	.218
	EUA	Grécia	.626	.001
		REINO UNIDO	.266	.218
	Grécia	REINO UNIDO	.682	.000
		EUA	1.037	.000
Atitude em relação a	REINO UNIDO	Grécia	-.682	.000
a publicidade adaptada é		EUA	.355	.101
positiva	EUA	Grécia	-1.037	.000
		REINO UNIDO	-.355	.101
	Grécia	REINO UNIDO	.532	.008
		EUA	.918	.000
Normalizado	REINO UNIDO	Grécia	-.532	.008
Os anúncios são menos		EUA	.386	.095
interessantes	EUA	Grécia	-.918	.000

			-.386	.095
		REINO UNIDO		
	Grécia	REINO UNIDO	.206	.455
Preferência de adaptação-ed Anúncios que reflectem valores e percepções dos países		EUA	-.373	.117
	REINO UNIDO	Grécia	-.206	.455
		EUA	-.578	.004
	EUA	Grécia	.373	.117
		REINO UNIDO	.578	.004

9 786208 322052